土井 哲
（イノベーション・アンド・イニシアチブ代表）
高橋俊介
（慶応大学大学院政策・メディア研究科教授）

Action Learning
アクション・ラーニング・シリーズ

プロフェッショナル・プレゼンテーション

Professional Presentation

東洋経済新報社

はじめに

　本書はわが社の「アクション・ラーニング・プログラム®」を書籍化したシリーズ企画の第1弾です。

　アクション・ラーニングとは、能力開発の一つのアプローチで、行動を起こす中で本当に必要な知識やスキルを身につけることを目指すものです。私たちは、これまで次世代リーダー、経営幹部人材の育成を目指し、研修事業・社会人教育事業を展開して参りました。その中でMBA的知識の詰め込みや米国流のケーススタディーを使った教育には限界を感じ、むしろ、リーダー候補の役員・社員の方に集まって頂いて、そもそも企業が今何をなすべきか課題を設定し（What構築力と呼んでいます）、情報収集、分析、仮説形成、戦略立案、提言という一連の流れをともに行うことで、ビジネスを推進するのに不可欠なスキルや知識を高めてもらうというアプローチを取ってきました。

　事業提案、戦略策定、商品開発などのプロジェクトに携わっていると、現代のビジネスパーソンにとってプレゼンテーションの機会が、その人の業績を左右するとともに、企業変革や事業創造を進める上で重要な役割を果たしていることを実感します。経営陣が出席する最終報告会などの場面で、根拠を明示して自分の考えを明らかにし、時には反対勢力を説得し、時には協力者を動機付ける能力は、自らの目指す方向に向けて他者を巻き込んで大きな成果を上げていこうとするリーダーには不可欠な要素です。

　しかし、実際にビジネスパーソンの方のプレゼンテーションを拝見していると、内容、論理の組み方、ビジュアルの作り方、話し方などにおいてまだまだ改善の余地がある人の方が圧倒的に多いようです。

　この本では、プレゼンテーションの資料の作り方とその発表の仕方の両方についてポイントを網羅することを目指しました。すなわち、論理の組み方だけになってしまったり、話し方だけに焦点をあてたりすることが無いように配慮しました。また、事業変革や事業創造というテーマに必ずしも関わっていない方にもお役に立てるように、営業や販売の場面を想定しながら説明を行いました。不十分なところもあるかも知れませんが、ぜひ最後までお読みください。そして実践（アクション）してみてください。プレゼンテーションは実践を重ねるしか上達する方法がありません。

　最後に、演習問題や解答例の作成に力を貸してくれた同僚の玉木昭宏、鈴木由希子の両名に感謝の意を表します。

イノベーション・アンド・イニシアチブ代表
チーフ・エデュサルタント
土井　哲

CONTENTS

はじめに ……………………………………………………………………… 1

I イントロダクション

I-0 プレゼンテーションの本質 ………………………………………… 8
 ◎……プレゼンテーションとは ……………………………………… 8
 ◎……プレゼンテーションスキルの自己診断 …………………… 9
I-1 増えるプレゼンテーションの機会 ………………………………… 12
 ◎……欧米スタイルの浸透 ………………………………………… 12
 ◎……プレゼンテーション機会の増大 …………………………… 14
I-2 論理力とは何か ……………………………………………………… 16
 ◎……思考はランダムである ……………………………………… 16
 ◎……論理力とは関係をとらえる力 ……………………………… 17
 ◎……説明と説得 …………………………………………………… 17
 ◎……「論理的」と「説得的」 ……………………………………… 18
 ◎……判断基準の把握 ……………………………………………… 20

II 説得的プレゼンテーション

II-1 プレゼンテーションの構成要素 …………………………………… 24
II-2 コンテンツ作成の流れ ……………………………………………… 27
II-2-1 STEP 1 キーメッセージを決める ……………………………… 30
 ◎……4つに分けられるキーメッセージ …………………………… 30

CONTENTS

目次

II-2-2 **STEP 2　メッセージを支える論理を構築する** ……………… 33
　◎……論理の基本 ……………………………………………………… 33
　　　　　＜演繹法＞＜帰納法＞＜推論＞＜論理的であるための3条件＞
　◎……演繹法による論理構築 ……………………………………… 43
　　　　　＜集合論理＞＜条件論理＞＜背理法＞
　◎……推測による論理構築 ………………………………………… 48
　　　　　＜帰納法＞＜仮説の提示＞＜因果関係による推測＞＜類推／アナロジーによる推測＞＜権威に基づく推測＞
　◎……論理構築の演習 ……………………………………………… 56
　　　　　◆演繹と推測の組み合わせ演習
　◎……タイプ別の論理の組み方／判断基準を考慮した論理構成 ……… 62
　　　　　(1)事実メッセージの論証　(2)評価メッセージの論証　＊言葉を定義する　＊論理力と説得力の違い　＊判断基準のない人　(3)政策メッセージの論証　①必然性(inevitability)　②効用(benefit)　③実現可能性(feasibility)　(4)希望命題(メッセージ)の論証
　◎……論理構築上の重要ポイント …………………………………… 73
　　　　　(1)キーメッセージに「あなた」「御社」を含める　＊ケーススタディー　(2)相手を動かしたいときにはコンプリート・メッセージ

II-2-3 **STEP 3　根拠の証明** …………………………………………… 80
　◎……論理展開により不足データを特定する／試行錯誤〜整理〜データ追加 ……… 80
　　　　　◆演習：断片的な情報からメインメッセージを抽出する
　　　　　＊戦略転換の検討
　◎……メッセージの分解に有用な2つの手法 …………………… 85
　　　　　＊データの再収集
　◎……的確な証明 …………………………………………………… 88
　◎……追加データの収集：演習問題 ……………………………… 91

CONTENTS

II-2-4　STEP 4　『ストーリー』の設計 …………………………… 94
　　　　　　　2つの側面／「スポット」を当て＆「流れ」を作る
　◎……論理を組んだら立ち止まる ……………………………………… 94
　　　　　＊重点配分：もう一度強調すべきテーマを確認する
　◎……言葉の定義 ……………………………………………………… 96
　　　　　＊流れの構想＊＜問題解決＞パターン
　◎……「暗黙」の決まりに従う ……………………………………… 105
　◎……AIDMA理論 …………………………………………………… 105
　　　　　＊流れの自己診断法
　　　ストーリーがおかしい典型的な例 ……………………………… 108
　◎……MECE（ミーシー）感のないストーリー …………………… 108
　　　　　＊ストーリーに「戻り」が起こるパターン
　　　　　＊ストーリーに連続性のないパターン
　◎……ピラミッド構造の復習／メインメッセージと1枚1枚のチャートの関係 …… 114
　◎……決めチャート、勝負チャート ………………………………… 116
　　　　　①問題解決のケース　②事業立案のケース
　　　　　③ソリューション・サービス提供のケース

II-2-5　STEP 5　ビジュアルの作成 ……………………………… 120
　◎……チャートの基本的な考え方 …………………………………… 120
　◎……チャートの良し悪し …………………………………………… 121
　◎……チャートの分類 ………………………………………………… 125
　◎……チャートの基本構成 …………………………………………… 127
　◎……チャート作成のコツ／失敗事例と添削例 …………………… 131
　　　　　＊基本事項＊MECE（ミーシー）感のないチャート＊意味のない
　　　　　「軸」を持つチャート＊メッセージと中身が違うチャート＊「図形」

CONTENTS 目次

　　　　　　「記号」利用の下手なチャート ＊表現の不統一が目立つチャート
　　　　◎……オーディエンスを迷子にさせないために …………………137
　　　　◎……組織としてのレベルアップ ………………………………138
　　　　　　＊データベースの共有＆専任チェッカーの配置
　　　　　◆演習：長文をビジュアライズする／ロケットの往還問題

Ⅲ プレゼンテーションのデリバリー（実施）

Ⅲ-0　勝負チャートが『肝』 …………………………………144
Ⅲ-1　練　習 …………………………………………………147
　　　Ⅲ-1-1　ストーリーの把握 ………………………………147
　　　Ⅲ-1-2　部外者によるチェック …………………………149
　　　Ⅲ-1-3　ビデオによるセルフ・チェック …………………150
Ⅲ-2　準　備 …………………………………………………152
　　　Ⅲ-2-1　オーディエンスの規模・属性把握 ………………152
　　　Ⅲ-2-2　キーオーディエンスの決定 ………………………153
　　　Ⅲ-2-3　資料の配付時期 …………………………………154
Ⅲ-3　プレゼンテーションの開始（オープニング） ……………156
　　　Ⅲ-3-1　目的・前提条件の確認 …………………………156
　　　Ⅲ-3-2　キーメッセージの提示 …………………………157
　　　Ⅲ-3-3　構成＝ストラクチャーの提示 …………………157
Ⅲ-4　チャート展開 …………………………………………159
　　　Ⅲ-4-1　チャートの説明／ワンチャート・ワンメッセージ ……159
　　　Ⅲ-4-2　チャートからチャートへのつなぎ／接続詞が重要 ……161
　　　Ⅲ-4-3　節目の確認／全体構成のリマインド …………163

CONTENTS

Ⅲ-5 プレゼンテーションのスタイル ………………………………………… 165
 Ⅲ-5-1 声のダイナミズム …………………………………………… 165
 Ⅲ-5-2 アイコンタクト ……………………………………………… 166
 Ⅲ-5-3 緩急の自在／手元資料のチェック ………………………… 167
Ⅲ-6 討議のマネジメント＆エンディング …………………………………… 169
 Ⅲ-6-1 「ファクト確認」「印象論」は避けよ ……………………… 170
 Ⅲ-6-2 異論の検討 …………………………………………………… 170
 Ⅲ-6-3 ネクストステップの提示 …………………………………… 171

あとがき ………………………………………………………………………… 173

資料編　代表的なビジュアル表現 …………………………………………… 175

CHAPTER I　Introduction

イントロダクション

土井　哲

I-0 プレゼンテーションの本質

◎……プレゼンテーションとは

　プレゼンテーションとは何か？　まず**資料1**を見てください。プレゼンテーションとはオーディエンスの存在を前提として、オーディエンスに知らせたいこと、オーディエンスが知りたいことを、わかりやすい形で提供することです。自分が準備してきた資料（パッケージと呼ぶことにします）を開示し、相手にあることについて理解させ、またあるときには、何かについて意思決定を促す場です。

　ここでオーディエンスがいるという当たり前のことが、実は重要なファクターです。つまり、プレゼンテーションは独り言ではありません。聞いてくれるかどうかはわからないが、とりあえず話してみるというものではいけませんし、わざわざ時間を割いて来て頂いているオーディエンスに対して、

資料1　プレゼンテーションとは

- ❗ オーディエンス（聞き手）がいることを前提に、
- ❗ オーディエンスに知らせたいこと、
- ❗ オーディエンスが知りたいことを、
- ❗ わかりやすい形で提供すること

「聞いてよかった」と思って頂ける内容を提供するものでなくてはなりません。

別の言葉で言えば、何らかの相手の疑問や質問に答えるものがプレゼンテーションであると言えるでしょう。疑問や質問があるわけですから、それに答えることを前提にパッケージを作成しなければいけないのです。

そして彼らの疑問や質問に対して、"役に立つ"話を"面白く"話すことが要求されます。先に述べた資料（パッケージ）の作成は、"役に立つ"内容を"面白く"最後まで聞いてもらうための、さらには内容を"わかりやすく"語るための、絶対的に必要なツール＝武器となるのです。

この本では、プレゼンテーションに関するスキルについて網羅的に解説いたします。現在のビジネス環境において、プレゼンテーションは成果を左右する重要な要素になりつつあります。読者の皆様にとって、ひとつでも参考になることがあれば幸いです。

◎……プレゼンテーションスキルの自己診断

本題に入る前に、普段からプレゼンテーション資料を作ることの多い方は、以下の項目についてYesかNoで答えてみてください。12個以上Yesがある方はこの本を読む必要はありません。

① プレゼンテーションの前にはオーディエンスが誰で、どのようなことに興味を持っているか必ず調査するか少なくとも自分なりの仮説を立てている
② プレゼンテーションが終わったときに、オーディエンスをどのような心理状態に持っていきたいかゴールを設定している
③ プレゼンテーションの場には、必ずキーパーソンが来てくれるよう事前の手配を怠らない
④ プレゼンテーションの開始時に、タイムリーな話題を出したりジョークを言うなどしてその場を和ませるような工夫をしている

⑤プレゼンテーションの開始時に、簡潔に内容の全体像と時間配分を説明している
⑥プレゼンテーション中はオーディエンスの方を向き、オーディエンスの様子を観察している
⑦オーディエンスの理解度や関心度に合わせて、臨機応変に進行を変えている
⑧原稿がなくてもほぼ予定どおりの話ができるよう内容を暗記し覚えこんでいる
⑨自分の主張内容については必ずデータなどで明確な根拠を示している
⑩1枚1枚のチャートには必ずメッセージを持たせており、なぜOne Chart, One Messageの原則が重要か理解している
⑪プレゼンテーションの資料の中には、インパクトが与えられるだけの内容を持ったチャートを少なくとも1～2枚入れている
⑫メッセージが確実に印象に残るよう、絵の作成にも時間をかけている
⑬プレゼンテーションはエンターテインメントであると認識している
⑭プレゼンテーションの場は一方通行ではなく、極力インタラクティブな場にしようと心がけている
⑮プレゼンテーションの終了後に出る質問は必ず予測しており、答えも準備している

　いかがでしょうか。上にあげたポイントは、一定以上の長さを持つプレゼンテーションを行う場合に、最後まで聴衆をひきつけ、内容を納得させ、次の展開につなげていくために非常に重要な項目です。①～③は、プレゼンテーションを行うに当たっての戦略ともいうべき基本的なもので、このポイントを外すと目的のはっきりしない、効果の低いものになってしまいます。④～⑧は、聴衆を自分の土俵に引き入れ、とにかく最後まで注意力を保ってもらうための基本的なスキルです。⑨～⑫はプレゼンテーションの核であるコンテンツそのものに関するポイントで、インパクトのあるコンテンツに仕立

て上げ、自分の主張を完全に納得させるために不可欠な要素です。⑬〜⑮はプレゼンテーションに向かい合う上での基本的な心構えと考えてください。

　単に1度だけの出会いとせずに、後に続けていくためには実践すべきポイントです。⑬でエンターテインメントという言葉を使いましたが、もちろん隠し芸をやれということではありません。聞いてよかった、ためになったという、少なくとも知的な好奇心を満たす必要がある、ということです。それぞれがなぜ、重要かは少しずつ説明していきますが、ぜひこのようなポイントを押さえて、プレゼンテーションのプロフェッショナルを目指して頂きたいと思います。

I-1　増えるプレゼンテーションの機会

◎……欧米スタイルの浸透

　実は、最近急激にプレゼンテーションのニーズが高まっているという実感があります。筆者もプレゼンテーションの進め方について講演やレクチャーをする機会が増えてきました。この背景には、いろいろな事情が複雑に絡み合っているように思います。

　大きな話からいうと、企業間の取引関係が急速に自由になってきた、競争原理が持ち込まれてきたということが挙げられます。どういうことかと言うと、従来は日本経済、および企業間取引に特有の"系列取引"という慣行がありました。つまり、某財閥系グループの取引であれば、同じ財閥のグループ内企業と優先的に取引が行われていたということです。こうした状況では、外部の企業を入れて公開の入札を行う、というようなフェアトレードは望むべくもありません。

　ところが、右肩上がりの経済成長が一転して長期の経済的不況に陥るという昨今のトレンドの中で、どの企業も激しい競争にさらされ、絶え間ないコストダウンを強いられるという状態が現出したわけです。そうなると、これまでのような競争なき系列取引、つまり比較すればコストの高い取引を継続しているわけにはいきません。系列にとらわれることなく、どんどん他の企業からも見積もりを取り、より安いコスト提示があった企業に発注するという、自由競争にもとづく取引が主流を占めるようになります。

　そういったかたちで、今までは系列取引というようなステージから閉め出されていた企業にも、自由に取引に加わるチャンス（機会）が増え、それに従って自分たちの商品のよさ、コスト優位性などを訴える機会が増えてきた、

提案をする場所が広がってきた、という時代の大きな流れが背景にあると思います。

企業を取り巻く最近の傾向としては、グローバルなM＆A（企業買収）が頻繁に起こり、欧米人が上司になるようなケースが日常茶飯に起こっています。日本人社員としては、かれら欧米人の経営ボードに対して、自らがやっている仕事内容や上げている業績について常にプレゼンテーションすることを求められるわけです。つまり、欧米流の"アピールする文化"が、そのまま日本に持ち込まれてきているといえるでしょう。アピールしないことには、業績を認められない以上、"沈黙は金"だの"オトコは黙って"だの、日本人に特有の文化はあっさりと脱ぎ捨てられつつあります。欧米人が求めることを、同じように日本人がやらなければならない企業文化が進展しつつあります。これも、プレゼンテーションの重要性がとくに企業内で重視されつつある背景に挙げてよいでしょう。

加えて、パワーポイントのようなプレゼンテーションを有効に進めるツール類が広く普及・浸透してきたということもこの流れを推し進めています。ツールが強力になり、パソコンに搭載されて普及すれば、プレゼンテーショ

資料2　増えるプレゼンテーションの機会

- 製品発表、商品案内
- ビジネスの提案
- 会社説明、事業説明
  （対投資家、対マスコミ、対顧客……）
- 個人の業績発表
- コンサルティングにおける報告
- 採用面接、異動面接　　　　　　　　など

ンに活用してみようと思うケースが増え、それが流行となります。一種のプレゼンテーション流行りといった傾向の背景には、そういった"ツールの普及"という要素も強く働いていると思います。

◎……プレゼンテーション機会の増大

　では、具体的に言ってどんなプレゼンテーションの機会が増えているかというと、まず「製品発表」とか「商品案内」のケースが挙げられます。基本的にモノ余りで販売競争が激化する中で、消費者に自社製品のよさをうまくアピールできなければ、まったく売れないということになりかねない。自社製品の説明をする際に、まず大勢の顧客に集まってもらい自社製品の特徴、メリットなどを手際よく説明する。このような製品発表、商品案内といった場面で、従来のようにプレスリリース一枚というおざなりな形ではなく、パワーポイントを駆使して図表や写真を効果的に盛り込み、訴求力を高めたプレゼンテーションを行うケースが増えています。

　また、厳しい経営環境のもとで、既存のビジネスだけでは事業の成長にも限界がありますから、大企業のみならず中小の企業でも新規事業の立ち上げが重要な課題になっています。社内から新しい事業アイデア、事業モデルを募集するといったことが行われ、そこでも新規事業の可能性を訴えるプレゼンテーションの機会が増えています。

　とりわけ顕著な現象が90年代から増え始めてきました。ベンチャー（起業）ブームがそれで、新規に企業を興し、それを株式市場に公開することが一大ブームになりました。事業資金を提供するベンチャーキャピタルに対して、事業アイデアを持つ人が事業の説明を行い、自社への投資を引き出すためにプレゼンテーションを行う場面が非常に増えたわけです。

　経営環境が厳しいということは、企業人にも評価面で厳しい目が注がれることを意味します。その端的な例が、成果主義の導入です。自分が過去半年、あるいは1年の間にどういう成果を挙げたのかを会社側に理解し、評価して

もらわねばなりません。それには、限られた期間内に実績を挙げたことを、明白な証左を付してきっちりプレゼンテーションしなければなりません。自らの成果をきちんと伝えることができなければ、評価は限りなくゼロに近づいてしまいます。企業内で存在意義を主張するためには、ぜひとも自分の成し遂げた成果を、積極的にアピールする必要があるわけです。

筆者が携わるコンサルティングという分野では、プレゼンテーションを節目にしながら業務が進行します。なぜなら、コンサルテーションという仕事においては、経営者とじかに接するのが中間報告や最終報告などのプレゼンテーションの機会に限られることが多いからです。たとえば、経営者が抱える問題について、どういう分析を行ったか、その分析結果に基づいてどんな意味合いを抽出したのか、その結果、どういう"打ち手"を採るべきだと思っているかを、はっきりと納得性を持たせてレポートしなければなりません。このレポートを報告する機会こそがプレゼンテーションの場に他ならないのです。

さらにいうと、採用という場面、つまり就職面接などでは、短時間のうちに自分をいかに売り込むかが問われます。自分の一生を左右するかも知れない場におけるプレゼンテーションとして、極めてスキルを問われる機会です。

I-2 論理力とは何か

◎……思考はランダムである

　ここまででもすでに明らかになっていることですが、プレゼンテーションを行う上で重要なポイントは「いかに自分の考えを相手に理解してもらうか」に尽きるわけです。そしてそのとき重要になるのが、「論理的」に自分の考えを伝えるという技術です。

　皆さんもご存知の通り、この論理力については、ここ2、3年大変なブームになっていて、「論理思考」「ロジカルシンキング」「クリティカルシンキング」などのキーワードが飛び交っています。実際筆者の仕事、すなわち研修事業などにおいても、極めて需要が多いのが論理力強化の研修です。

　個人的な意見ですが、私自身はこの論理思考ブームを奇妙な現象だと思っています。なぜかというと、論理的に考えるなどということは、ビジネスマンにとってある種基本的なスキルであって、それを社会人に教えることがビジネスとして成立するというのは、日本の教育のどこかに問題があるのではないかと感じてしまいます。

　東大の哲学科に野矢先生という方がおられ、論理力を研究しておられます。先生によれば、思考というのは、頭の中で散発的に、ランダムに起こる現象であって、それ自体は論理的でもなんでもない。しかし、自分が思いついたアイデアがなぜよいアイデアなのかを他人に納得してもらおうと思うと、論理的に説明せざるを得ない。すなわち、論理的と言うのは表現の方法であるというのが野矢先生の主張です。

◎……論理力とは関係をとらえる力

　また同先生は、論理力を「関係をとらえる力」と定義しておられます。私なりに解釈するならばこれは大きく2つの力に分けられると思います。1つは、ある主張とその主張を支える根拠との関係をとらえる力、言い換えれば、ある主張が根拠に基づいて述べられているのか、示された根拠から導き出された主張が果たして正しいと言えるのか、その関係をとらえる力です（多くの本でピラミッド構造とかピラミッド・ストラクチャーとして紹介されている考え方です）。

　第2は、ある主張とある主張の間の関係をとらえる力です。1番目の主張に対して2番目の主張はどういう関係にあるのか、1番目を言い換えているのか、1番目の主張に別の主張を付加しているのか、1番目の主張に対して反対の主張をしているのか、などをとらえる力です。コンサルティングという仕事柄、企業の役員会に同席させていただくような機会がありますが、ある役員が何か主張を行う、それに対して別の役員が何かコメントする。ところが、そのコメントが、先の役員の主張に対してどういう関係にあるのかよくわからないときがあります。反対の主張のようでもあり、賛成のようでもあり……。はっきりしない中で、さらに色々な方が主張を続けていき、全体として何が議論されているのか訳がわからないまま、社長の一声で何かが決まるという具合です。

　主張と主張の関係を整理しながら考える力、これが論理力の2つ目の側面です。

◎……説明と説得

　さて、プレゼンテーションの研修を行っていると、「説明」と「説得」の違いをわかっていない方も多いようです。たとえば自社製品の優位性をアピールするときに、ひたすらその製品の仕様を読み上げ、"説明"するだけで終わってしまっている方がいらっしゃいます。あるいは、自分のやっている

仕事をわかりやすくプレゼンテーションしてください、と言うと、まさに「私は朝起きて、こういうことをやり、昼にはこういう業務を行い、夜はこういうことをしている」といった具合に、ひたすら時系列に沿った説明だけを語り続ける人がいます。

「説明」と「説得」とはどう違うのでしょうか。筆者流の定義をしてみましょう。相手にどうしても理解してもらいたい"メッセージ"を欠いている発言が「説明」です。逆に、どうしても納得させたい、何とかして理解してもらいたい、というようなメッセージを持つた発言を「説得」といいます。つまり、説明というのは、ただひたすら機能の特徴だとか、細部を詳細に並べ上げて行くだけ、というパターン（例としてパソコンの取扱説明書、統計データ集などが挙げられます）。これが説得という行為になると、自分が主張する内容を理解してもらうために、なぜそのような主張をしているのかその根拠を示していく、ということが重要になります。また、その根拠を提示するに際しては、客観的なデータや分析結果などを明示しつつ、それによって相手に「なるほど、あなたの主張はよくわかりました」と思わせることが大事なのです。

もちろん、説明のためのプレゼンテーションが必要な場合もあります。新しい情報システムが導入されたので社内で使い方を説明するなどの場合です。要は、自分の作るパッケージが、説明を目的にしたものか説得を目的にしたものか、明確に認識してください、ということです。

◎……「論理的」と「説得的」

説明と説得の違いを理解することは重要だと述べましたが、より焦点を当てたい問題が、「論理的」であることと「説得的」であることの違いです。

ここで、そもそも何ゆえに説得することが必要なのか、考えてみましょう。これは当たり前のことですが、もともと個人個人によって考え方が違っていたり、立場が違っていたり、利害関係が相反するから、「説得」の必要が発

生するわけです。考え方が同じ人間同士の間で「説得」はまず必要ありません。たとえば、何かモノを売り込む場合を例にとりましょう。この場合、「買う側」はお金を出さなければいけない。従ってできる限り安く買いたいと考えます。一方、「売る側」はお金をもらわなければいけないのだから、なるべく高く売りたいと考えます。値段ということに関していえば、双方は180度考え方が違う。そこには"利害の相反"があります。利害の相反があるという緊張関係の中で、いかにその商品のよさを理解してもらえるか否か、あるいはコストパフォーマンスのよさをわかってもらえるか否かで、商談が成立するか壊れるかが決まってくるわけです。

　ですから個人個人、あるいは企業間で判断基準とか、物事の優先順位づけが違うからこそ、自分の主張をいかに相手にスムーズにあるいは場合によっては力づくで理解してもらうか考える必要が生じ、「説得」という行動が必要になってくるわけです。

　では、なぜ判断基準や優先順位に違いが生じるのかというと、もう少し深いところでそもそも「価値観」が違うという問題が出てきます。「価値観」とは"理由のない思い込み"、と定義されるそうですが、明確な理由はわからないが、でも自分にとってはこれが重要、こっちよりもこっちの方が大切というような順位づけのことです。

　論理的と説得的の違いに話を戻しますが、先ほどの野矢先生の考えをお借りすれば、論理的とは「関係が明確であること」でした。主張とそれを支える根拠との関係が明確であること、言い換えれば、しっかりとした根拠に基づいてある主張がなされていることで、たとえば、AでBでCだ。だからDということが言える、というようなことを相手に伝えることです。しかし、いくら主張とその主張の根拠が明確でも、主張そのものが聞き手側の判断基準や価値観に合わないことであったりすれば当然説得力は持ちません。大学受験を目指す人に、「○○大学に合格すれば、就職にも有利になりますよ。だから○○大学を目指しなさい」と主張して、○○大学の卒業生がいかに就職率が高いか、有望な企業への就職率がいかに高いかなどを、統計的データ

で示せば、主張と根拠の関係は明確になり、「論理的」ではありますが、本人が大学卒業後就職を希望していないならば、まったく意味がありません。

　言い換えれば、相手の判断基準や優先順位づけ、そしてその背後にある価値観を理解してメッセージを決めないと、そもそも受け入れられないことになる可能性が高いのです。自分の主張が相手にとって意味のある主張なのか、聞きたいと思っていることに対して答えているのか、を考えることが大切です。

◎……判断基準の把握

　さらに論議を進めますと、制約条件（時間的な制約、資金的な制約、能力的な制約など）が存在すると、人間というのは判断基準が変わります。たとえば不動産購入のケースを考えてみましょう。自分が生涯に受け取れる年収を考え、1億円の住まいを購入するのがせいぜいと思っている人に、3億も4億もする不動産を熱心に勧めてもほとんど意味がありません。この場合、前提となる条件、制約条件があるために、その人の判断基準が必然的に決定されてくるのです。だから家を買う場合、制約条件がもっとゆるい人であれば、高い物件でも買おうと判断する。そもそもお金がなければ、買わないと判断するだけです。

　人それぞれ判断基準や優先順位が異なり、「価値観の違い」とか「利害関係の存在」、「制約条件の存在」などがあるゆえに「説得する」という行為が重要になってくるというわけです。

　この本の中で扱うのは「説得的プレゼンテーション」というテーマです。とくに相手を説得する、納得させるようなプレゼンテーションの場合、成功のカギを握るのは、聞き手側の判断基準や優先順位づけをどう把握しておくかです。あらかじめ相手の判断基準を押さえておかなければ、いくら表面的に美しいプレゼンテーションをしても、説得力はありません。相手の土俵（＝相手の判断基準の世界）に上がるのが重要なのです。

ところが一方、「判断基準や優先順位を（そもそも）持たない」という人が存在するのも事実です。たとえば優柔不断で、自分の判断基準を持てない人がいます。このような人に対して説得力のあるプレゼンテーションを行うのは非常に難しいと言えます。

　こんなケースがありました。ある会社で、新規事業を起こしたいということで、お手伝いをしていたのですが、最初の話では新規事業として取り上げるか否かは、ROI（投資金額に対してどれだけリターンが期待できるかの比率）と、既存事業とどれだけシナジーが見込めるかで決める、というお話でした。十分それらの基準を満足するものとして、ある案件を提案したところ、売上で見たときの事業の規模が小さいということで押し返され、また練り直して持っていくと、「どうもわが社らしくない」と押し返され、一体何が本当の判断基準なのかと問い質さざるを得ませんでした。

　しかし翻って、自分はすべての物事に判断基準を持っているのか、と問われれば、決してそうではないのも事実です。一般的には、1つひとつの細かい日常の些事については判断基準など持たずに生きている場合の方が多いのではないでしょうか。たとえば、結婚相手を選ぶときに、何を判断基準にしているか。転勤を命じられたときに、それに応じるか応じないかをどう判断するのか。人生のうえで、仕事上で、人は判断を迫られる場面に次々と遭遇していながら、ではその1つひとつのケースについて厳密に判断基準に基づいて行動しているかといえば、案外そんなことはない。整合性のない判断をしていることも多いと思います。

　話をプレゼンテーションの場面に戻せば、オーディエンス側が判断基準を持っていないという可能性も非常に高いのです。そのような判断基準を持たないオーディエンスをいかに「説得」するか、そうしたケースも想定してプレゼンテーションに臨まないと、なかなか相手を説得するということがうまくいかないわけです。

II 説得的プレゼンテーション

CHAPTER II　Presentation

土井　哲

II-1 プレゼンテーションの構成要素

　前章では、「説明」と「説得」は違う、「論理的」であることと「説得的」であることも違う、といったプレゼンテーションの前提となる内容について述べました。

　では、プレゼンテーションを実施する上で、重要な要素は何なのか、という点についてまず考えてみましょう。大きく分けるとプレゼンテーションは二つの要素に分かれます。そのプレゼンテーションで何を伝えるのか、中身をどうするのかという『コンテンツ』の話と、コンテンツができた後、いかにその内容を相手に対してわかりやすく伝えるかという『デリバリー』の話に分けることができます。

　さらに、コンテンツは二つの要素に分けられます。一つは自分の主張をどう納得してもらうのかという論理の組み立てと、ストーリーをどのように展開するのかという問題。もう一方は、ストーリーを確実に理解してもらうために、1枚1枚の資料をどのようにわかりやすく描くかという、ビジュアル面の問題です。コンテンツの作成では、この二つを揃えることが重要になります。要するに、プレゼンテーションは、「ストーリー」と「ビジュアル」と「デリバリー」の三要素に分割することができます。

　「ストーリー」を作っていく上で非常に重要なのは、相手に伝えるべき"メッセージ"を明確にするということ。そしてそのメッセージをきっちりと論理的に証明することが大事です。そのような論理的な状態にした上で、聞き手にとって重要な部分に焦点をあてながら相手の頭に入りやすいように、話を展開してあげるということに最大限気を配らなければなりません。

　一方、ビジュアルは、基本的には言いたいことを確実に伝えるための補助

資料3　よいプレゼンテーション

```
                    ┌─ ストーリーライン ─┬ キーメッセージが明確である
                    │                    │  こと
                    │                    ├ 主張に関して根拠がそろって
   コンテンツ ──────┤                    │  いること（論理的）
        │           │                    └ 頭に入りやすい流れがあるこ
        │           │                       と
        │           │
        │           └─ ビジュアル・エイド ┬ メッセージが目に飛び込んで
        │                                 │  くること
        │                                 ├ オーディエンスの理解が深ま
        │                                 │  ること
        │                                 └ ポイントが印象に残ること
        │
        │                                 ┌ 相手の関心、理解に合わせて
        │                                 │  説明が行われること
        └─ デリバリー ────────────────────┤ それを題材に議論が盛り上が
                                          │  ること
                                          └ その後の展開への動機づけと
                                             なること
```

ポイント

的な道具です。そのチャートで伝えるべき事柄により、データをグラフ化したものを添えたり、概念的な図を添えたり、ポンチ絵を添えたりします。しかし、この1枚1枚の集積によって全体として一つのメッセージを伝えることになりますので、絵やグラフ、図などを通じてポイントが相手の頭の中に鮮明に残るよう工夫することが非常に大事なのです。

　最後にデリバリーの場面では、だいたいの場合時間制限がありますから、一定の時間内でコンテンツを完全に理解してもらい、こちらのメッセージを正確に受け止めてもらうことが眼目です。しかし、こちらが思っているほど、1枚1枚のページが相手にとってわかりやすいとは限りませんので、どうしても相手の理解度を見ながら説明を進めていく臨機応変さが必要となります。また、コンテンツの内容に拘わらず、声の大きさや話し方も理解度に影

響を与えます。聞き取りやすく、眠くならない声で発音することも重要です。また、通常プレゼンテーションの締めくくりに質疑応答の時間が設定されます。自分が言いたいことを締めくくると同時に、自分が用意してきたコンテンツを題材にして、さらに次の展開へと話を盛り上げていくことも心がけてください。プレゼンテーションをやり始めたころは、コンテンツを話し終えるのに精一杯で、それ以上のことまで気が回らないかも知れません。しかし、折角キーパーソンと会う機会を持てたのですから、「また話しに来てくれ、もっと詳しく聞かせてくれ」と言われるよう"次"のことも想定してプレゼンテーションを行ってください。

　以上の3要素についてそれぞれ注意を払うことで、魅力的かつ説得的なプレゼンテーションが実現すると思います。それぞれの要素について押さえておくべきポイントがあり、そのポイントをマスターすることで必ずプレゼンテーション力が向上しますので、まず最初に「ストーリーの作り方」におけるポイントに触れ、「ビジュアルの作り方」を説明し、最後に「デリバリーのやり方、コツ」について話を進めていこうと思います。

II-2　コンテンツ作成の流れ

　コンテンツの作成で言うと、基本的には5つのステップに分けて考えてください。
　まず、ステップ1では、そのプレゼンテーション全体を通じて最終的にオーディエンスに理解してもらいたい、納得してもらいたい「キーとなるメッセージ」を決めてください。聞き終わったときに、オーディエンスの心に何を残したいのか、ということです。
　これが簡単なようで案外難しく、筆者の経験でも、たとえば15分間ぐらいのプレゼンテーションを聞いた結果、結局何が言いたいのかわからなかったというケースが多いのです。プレゼンター自身が自分でも何が言いたいのか、よくわかっていない。とにかく、いろいろつくった資料だけが羅列されていて、それにしては相手に何を言いたいのか要領を得ないプレゼンテーションは、聞き手にとって正直苦痛でしかありません。「キーメッセージ」を明確化すること、まず第1ステップとしてこれが重要です。
　次に、キーメッセージを根拠づけるための「論理を構築していく」ことが第2ステップです。後で詳しく説明しますが、基本的には論理というものはピラミッド型に構築・展開されます。論理的とは、主張と根拠の関係が明確であることです。ある主張を行うために根拠を並べる。それぞれの根拠をさらに詳細な根拠を並べて証明する。自分の言いたいキーメッセージを支えるために、いくつかのサブメッセージを準備し、さらにそのサブメッセージを支えるために、またいくつかのサブサブメッセージを準備する。これを視覚化すると、キーメッセージを頂点とした論理によるピラミッドの図形が構成されていきます。このピラミッド作りが第2ステップです。

さて、論理のピラミッドでは1番下の部分（最下層部）を構成するメッセージ群の1つひとつの内容に対する真正性が、最上部のキーメッセージの説得力を保証しています。ですから、最底辺部のメッセージ1つひとつが正しいことが求められます。1箇所でも間違っていることが指摘されてしまえば、その上にのるメッセージが崩れ、さらにその上のメッセージが崩れる、というように連鎖的にすべての論理が崩れます。この最底辺部の1つひとつのメッセージが正しいことをデータなどで証明していく作業、これが第3ステップです。

　証明作業をした結果、もともと想定していたキーメッセージが成り立たないことがわかれば、キーメッセージを変えてピラミッドを再構築する必要が生じます。そういう意味では、この第3ステップは、第2ステップの論理構築の1部ですが便宜上別ステップとして説明します。

　きちんとピラミッドが構築できたとしても、プレゼンテーションの実施に際しては、何もかもを網羅的にしゃべることが必ずしも喜ばれるとは限りません。プレゼンテーションには時間制限もありますし、オーディエンスも特定のことに強い関心を持っていることも多いと思います。ですから、綺麗な論理ピラミッドの中で、どこをとくに強調するのかということを考えたうえで、どんな順番で話せば相手の興味を惹きつけられるか、話の流れを組み立

資料4　コンテンツ作成のポイント

キーメッセージの明確化	論理構築
自分の言いたいこと、相手に納得させたいこと（キーメッセージ）が何であるかを明確にする	キーメッセージを頂点にして、すきのない論理ピラミッドを構築し、キーメッセージを支えるサブメッセージ群に論理展開（分解）していく

てる、ストーリー構築がステップ4ということになります。

　そしてステップ5としては、ピラミッドの最下層部を構成する1つひとつのメッセージを理解してもらうために、収集したデータやその分析結果をできるだけわかりやすい図表などに変えて、パッと見てわかるような表現を目指す、ということになるわけです。ステップ5でビジュアルを作成し、ステップ4で考えたストーリーにしたがって並べることで、一応コンテンツが出来上がることになります。

　つまり、ステップ1からステップ4までがストーリーラインを構成する話であり、ステップの5の部分がビジュアル作成の話になります。もう1度、ステップ1～5をまとめると、以下のようになります。

　STEP1．主たるメッセージ（キーメッセージ）を決める
　STEP2．キーメッセージを支える論理を構築する
　　　　　（サブメッセージに分けていく）
　STEP3．各サブメッセージを証明する証拠を揃える
　STEP4．話す順番や強調すべきポイントを考えてストーリーを設計する
　STEP5．揃えた証拠をビジュアル化し、ストーリーに合わせて並べる

根拠の証明	ストーリーの設計	ビジュアルの作成
ピラミッドの最底辺部を構成する各サブメッセージ（＝キーメッセージを支える最も重要な部分）を証明する証拠（データやその分析結果など）を揃える	ピラミッドを眺めながら、どこにフォーカスして話すか、どういう順番で話すかなどを構想する	キーメッセージを理解してもらうための根拠（ピラミッドの最底辺部分）を、理解しやすい形に図表化し、ストーリーに合わせて並べていく

II-2-1 STEP 1 キーメッセージを決める

◎……4つに分けられるキーメッセージ

　まずステップ1の「メッセージを決める」ことについて語る前に、メッセージには大きく分けて、基本的な4つのタイプがあることを覚えておいてください。たとえば、みなさんが今誰かに何かを訴えるとしたら、誰にどのようなことを訴えたいと思うでしょうか。家族の方や、会社の上司、同僚、部下などを思い浮かべながら、自分の言いたい事を簡潔に述べてみてください。こう質問して、答えを聞いてみると、人が誰かに対して訴えたいことは4つのタイプに分かれることがわかります。

　1番目は、ただ単に事実を述べるタイプのメッセージ。

　2番目は、あることがらに対してなんらかの自分の意見や評価を述べるタイプのメッセージです。

　また、第三者に対して施策を提言したり、こうした方がいいんじゃないか、こうしなさいとアドバイスするようなメッセージがあります。コンサルティングの場面などで発せられるメッセージは、多くの場合がこのタイプです。

　そして4番目に、自分の希望とか要望を述べるタイプのメッセージがあります。

　実は、この4つのタイプのメッセージごとに論理の組み立て方が違ってきます。通常論理というと演繹法や帰納法の説明から入る場合が多いのですが、「演繹法」とか、「帰納法」から説明するアプローチではすくい上げにくいニュアンスの違いを、あらかじめ知っておくと、プレゼンテーション資料を作る際に必ず役立つはずです。

メッセージには4タイプあるということを把握したうえで、自分の伝えたいことが、どのタイプのメッセージであるのかということについても、はっきり認識しておくことが必要なのです。1例として、新製品の売り込みの場面を想定してみましょう。

たとえば営業活動をする際に、①「新製品の特徴や他社製品との違いを事実として理解してもらう」ことを目的とする場合もあれば、②「新製品がその企業にとって最適であると評価していただく」ことを目的とする場合、あるいは③「新製品を購入すべきだと納得していただく」ことを目的とする場

資料5　4つのタイプに分けられるキーメッセージ

TYPE

1　事実メッセージ …… 単なる事実を述べる命題

　　（ⅰ）山田さんはすべての科目で平均点以上の点をとった
　　（ⅱ）当社の売り上げは昨年比5％減少した

2　評価メッセージ …… ある事柄に対する自分の評価を述べる命題

　　（ⅰ）山田さんは優秀な学生です
　　（ⅱ）当社の商品は優れています

3　政策メッセージ …… 政策を提言したり、何かアドバイスする命題

　　（ⅰ）あなたは当社の商品を購入すべきである
　　（ⅱ）当社はA市場に参入すべきだ

4　希望メッセージ …… 依頼や希望を述べる命題

　　（ⅰ）私の給料を上げてほしい
　　（ⅱ）私をちゃんと評価してほしい

合があると思います。また、とにかく売上を上げたいので、④「新製品を買ってください、買ってほしいのです」と訴えることもあるでしょう。それぞれのメッセージごとに何を根拠として示すべきかは、追々詳しくお話しますが、この段階でも、①のメッセージを伝えるには、他社製品との仕様の比較表などを準備することが大切であり、②の場合、最適であると納得していただくためには比較表だけではなく、その企業のニーズを明らかにしてそれにぴったりであることを証明する必要があることに気づかれると思います。

　別の言い方をしますと、話し手側がそのプレゼンテーションで、オーディエンスを"どこまで持っていきたいか"を明確にすることが重要なのです。他社製品との違いを理解してもらうことを目的にするのか、これはわが社にとっていい製品だと思ってもらうのか、さっそく購入しようじゃないか、と決断してもらうのか、プレゼンテーションを行う目的をはっきりさせて、それぞれに合わせたメッセージを準備することが重要なのです。

　この作業を行わずに目的を曖昧なままにしていると、折角プレゼンテーションの機会を得たにも拘わらず、「いったいどうしてほしいわけ？」と相手側を困惑させるだけになってしまいます。

II-2-2 STEP 2　メッセージを支える論理を構築する

◎……論理の基本

　前項で、メッセージには4つのタイプがあることを見てきました。また、メッセージ・タイプの違いによって、組み立てる論理構造が違ってくるということも指摘しました。こうした理解を踏まえて、ここで「論理の基本」について少しおさらいをしておきたいと思います。ただし、ここで述べる論理とは、主に主張とその根拠との関係をとらえる論理です。

資料6　論理学の歴史①（起源から学問へ）

論理学は **古代ギリシャ** における哲学者同士の **弁論術** から生まれた

⬇

その後 **アリストテレスによって** 形式論理学（＝経験によらない真偽を扱うもの）という体系にまとめられ、**論理学は一つの頂点を迎えた** と言われている。

＜演繹法＞ ……………………………………………………資料7

　もともと論理学の発祥は古代ギリシャ時代までさかのぼります。コロキウム（雄弁術）とか、ダイアローグ（対話）といった方法を究めることで、論理学が形成されてきます。アリストテレスにいたって形式論理学というものがまとめられ、一つの頂点を迎えたとされています。しかし、プレゼンテー

資料7　論理学の歴史②（演繹法の誕生）

17世紀に入り、スコラ的教育を受け、後に数学・自然学を研究したフランスのデカルトは、**「疑い得ない明証的なものから理性によって演繹したものこそ真理である」**と考え、アリストテレス以来の伝統であるスコラ哲学が啓示の権威を無条件に認めるが故、それについての細かい解釈、注釈、論証に終始する傾向が強いことへの不満から、**明確な事実をもとにして論理を進めていく新たな科学方法を提唱した。これが「演繹法」**

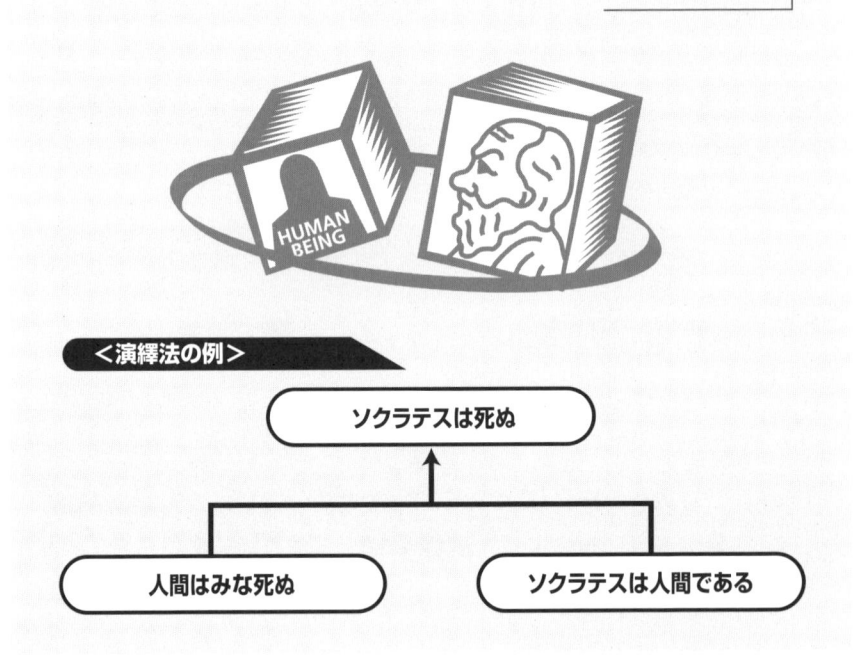

＜演繹法の例＞

ソクラテスは死ぬ
　↑
人間はみな死ぬ　　ソクラテスは人間である

　ションのための資料を作成するうえで重要なのは、17世紀になってから出現した「演繹法」「帰納法」といった論理形式です。
　まず、17世紀にデカルトが「演繹法」という論理形式を主張します。彼は、明確な事実をもとに議論を進めていくのが正しい結論に到るアプローチである、と主張しました。
　典型的な例を挙げてみましょう。まず、「人間はみんな死にますよね」と

いった誰も疑わないようなメッセージを発する。当然、「それはそうだよね」となります。「ところで、ソクラテスは人間ですよね」と話題を転じる。これにも反論は出ない。「たしかにあいつは人間だ」。このプロセスから何が導かれるかというと、「ソクラテスは死ぬ」という結論です。デカルトは、これが正しい論理の流れだと主張したわけです。これはつまり、一般論から個別論に敷衍する、一般的法則を論じておいて、個別のケースに展開するという論理のスタイルです。この論理形式を指して「演繹法」と呼びます。

<帰納法> ……………………………………………………………資料8

「演繹法」に対峙する論理形式を提出したのが、イギリスのフランシス・ベーコンです。彼のアプローチはデカルトとは大いに違っていました。とにかくいろいろな事象を観察して、1つひとつの事例を検証しながらそれらに共通する法則やルールを導き出すことこそ科学的なアプローチだ、と主張したわけです。これがいわゆる「帰納法」になります。たとえば、Aさんが死んだ、Bさんが死んだ、Cさんが死んだ、というように1人ひとりのことを観察していって、その結果「ああ、すべての人間は死ぬのだ」という結論に到る。こちらは個別論から一般論を導くアプローチと言えるでしょう。ただし、この結論も厳密にいえば本当に成り立つか疑わしいことがおわかりでしょうか。これはあくまでも今生きている人以外の過去の人を見る限り……という限定がつきます。今生きている人の中に、永遠に生き続ける人が存在する可能性は否定できません。従って、このタイプはより広くは、「推測」と呼んだほうがよいかも知れません。この本では、従来の帰納法を『推測』の一部ととらえ、48ページ以降では演繹に対する論理の組み方として、『帰納』に代えて、この『推測』という言葉を積極的に使いたいと思います。

演繹法はもともと与えられた命題からその命題に含まれている意味を引き出す論法ですので、飛躍した話には展開しませんが、結論は絶対確実です。一方、帰納法には重大な弱点があるわけで、ひとつでも例外や見逃しが見つかると、そこから論理が破綻して結論が崩れるという欠点があるのです。

資料8　論理学の歴史③（帰納法の誕生）

同じく17世紀に、**形式論理学に対峙する学問**として内容論理学（＝認識学：認識の起源、本質、妥当範囲を論究する哲学）が生まれ、その派生論として**「経験論」**（＝認識の源泉をもっぱら経験に求める説）がイギリスのフランシス・ベーコンによって提唱された。「演繹法は独断的前提に基づいた特殊な事実を述べているだけであり、**多くの事実の間の共通本質を求める（＝仮説を立てて、それを事実に当てはめて検証する方法）帰納法こそ科学的な方法論である**」と提唱した。これが**いわゆる「帰納法」の起源**と言える。

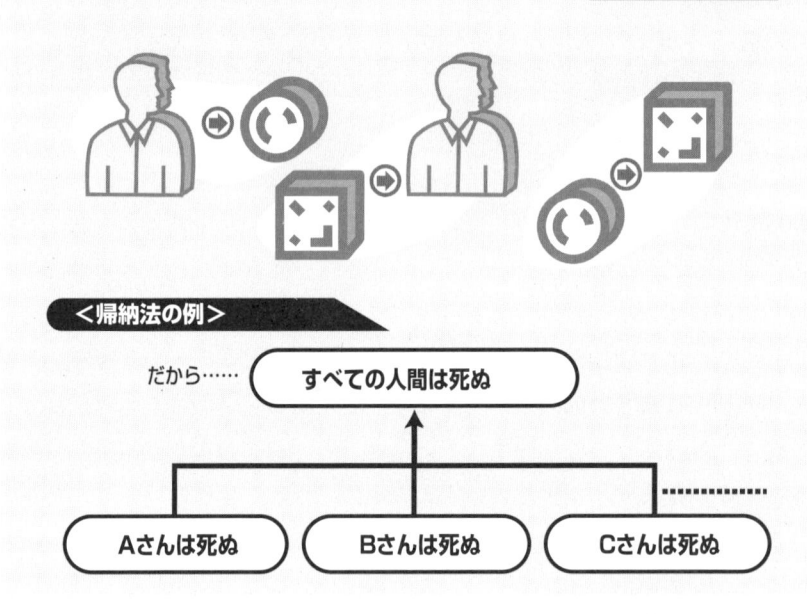

＜帰納法の例＞

だから……　すべての人間は死ぬ

Aさんは死ぬ　　Bさんは死ぬ　　Cさんは死ぬ

　抜き取り検査を例に挙げてみましょう。たとえば1万個製品を生産したとします。その中から100個製品を抜き出してみたら正常品だったとします。それでは残りの9900個が正常品かというと、全部調べてみなければわかりません。調べて1個でも不良品が発見されてしまったら、論理が崩れてしまう。これを専門用語では、「不十分な統計による虚偽」と言います。ある一部分だけを見て、全体が正常だとする結論を出してしまうと間違う。

また、「偏った統計による虚偽」というケースもあります。ある非常に偏ったサンプルを見てそこから全体を推測すると、これまた間違いが生じる。たとえば、何かの本でピカソの絵を見たらどれも抽象画ばかりだった。そこで、ピカソは抽象画しか描いたことがないんだな、と勝手に納得してしまうと間違えることになります。つまり帰納法の場合、とにかく観察する対象が網羅的でなければいけない。網羅性がないと、そこを衝かれることによって容易に結論が崩れていくという論理スタイルなのです。

資料9 帰納法における注意点

帰納法で結論を導く場合、根拠となる事実を網羅する必要がある。そうでないと結論はきわめて疑わしくならざるを得ない。

例1 不十分な統計による虚偽
▶▶ 10000個生産した製品から100個抜き出して検査をし、それがすべて正常であることから、他の9900個が正常品だと言い切れるか?

例2 偏った統計による虚偽
▶▶ 自動車が船にどんどん積み込まれ輸出される映像を見て、「日本の輸出産業はどの分野も好調だ」と言い切れるか?

＜演繹や帰納を用いた推論＞ ……………………………………資料10

このように、「演繹法」「帰納法（推測）」といった論理形式は、根拠を示して相手に自分の主張を理解してもらう場合の基本的なスタイルであることがわかってきたと思います。しかし、実はこれらの論理形式をみなさんもとりたてて意識せずに駆使していると思います。

たとえば火星探査機が送ってきた映像に蟹に似た生物が映っていて、"火星蟹"と名づけられたとします。この漢字3文字にどんなフリガナをつけま

すか。普通、カセイガニとつけるのではないでしょうか。カセイカニではなく、なぜ、カセイガニになるかというと、要するにタラバガニとかズワイガニとか、ワタリガニとかがあって、こういった事例に照らして、カニの前に言葉がつけば例外なくガニと濁って発音する。今回はカニの前に火星という言葉がついている。だとすると、これはカセイガニと呼ぶに違いない、そういう推論を頭の中で行うわけです。

資料10　演繹法と帰納法を無意識に使っている

Q 次の問題にあなたはどう答えますか
問い

「火星探査機が火星から送ってきた映像に、蟹に似た生物が写っており、＜火星蟹＞という名前がつけられた。
さて＜火星蟹＞にふりがなをつけるとどうなりますか？」

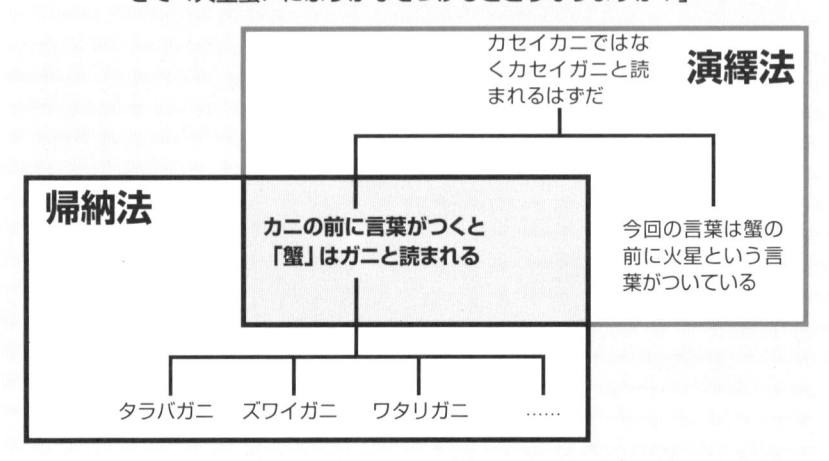

演繹法
カセイカニではなくカセイガニと読まれるはずだ
今回の言葉は蟹の前に火星という言葉がついている

帰納法
カニの前に言葉がつくと「蟹」はガニと読まれる
タラバガニ　ズワイガニ　ワタリガニ　……

　この推論のプロセスは、まさしく演繹法と帰納法の組み合わせです。タラバガニ、ズワイガニ、ワタリガニといろいろ観察した結果、全部「ガニ」と濁ることから、カニの前に言葉がつくときはガニに濁る、という一般法則を導き出しているのは帰納法です。また、"濁る"という一般法則に照らして、この新しい個別の火星の生物に適用すると"カセイガニ"になるという命名プロセスは、演繹になるわけです。

「演繹」だ「帰納（推測）」だと難しそうな言葉で説明しましたが、基本的には我々は普段から頭の中では苦もなくこれらの論理を操っています。また、そういう論理力が備わっているからこそ、人間というのは未知のことに対してもある程度の推論が可能になっているわけです。逆に、論理力に基づいて推論してしまうがゆえに困ることもあります。日本ではタクシーの扉はすべてドライバーが開閉します。（某タクシー会社は運転手が降りてきて開けてくれますが）子供の頃からそれが当たり前になっている。ですから、これらの事実から海外のタクシーも同じだろうと推論してしまうわけです。ところが、海外では自分で開閉しなくてはならない。タクシーを止めて待っているのに扉を開けてもらえないので不思議に思った人は多いのではないでしょうか。

＜論理的であるための3条件＞ …………………………………………資料11

　演繹法と帰納法という基本的なパターンを見ていただいたところで、論理的な状態とはどういうことか考えてみましょう。演繹法でも帰納法でも、次に挙げる3つの条件を満たしていることがわかります。

　まず1つ目の条件は、主張、つまり相手に理解してもらいたいと思うメッセージがあり、それが複数の根拠から正しい導出方法で導かれていること。演繹法の場合であれば典型的には2つの根拠によって支えられますし、帰納法（推測）は、場合によってはたくさんの根拠によって支えられる形になります。いずれにしても、1つのメッセージが複数の根拠で支えられることになり、従って、メッセージを支える論理の形は必然的にピラミッド状になります。これをピラミッド・ストラクチャーと呼ぶことにします。

　2つ目には、先ほどの帰納（推測）のケースで詳述したように、結論を支える根拠には「モレ」があってはいけない。モレがあれば、そこを指摘されることによって、結論が崩れてしまいます。

　たとえば「日本の産業はすべて成長軌道にある」というメッセージを聞き手に対して主張するとしましょう。まず、電機産業が今絶好調だ、と主張する。自動車産業も絶好調、機械産業だって絶好調だ、といって日本産業全般

の好調さを説明したつもりになっては危険です。建設業界は駄目なんじゃないか、小売業だって相当に苦しいだろう、といった風に例外が指摘されてしまうと、結論の説得性はたちまちのうちに崩れ去ってしまいます。だから、結論を支える情報に「モレ」があってはまずいわけです。

では、モレがないようにたくさんの例を並べればいいかというと、そうでもない。たとえば、奥さんと子供2人を持つご主人が"先日購入した家は家族に好評だった"、ということを証明するとします。話は簡単で、妻に好評

資料11　論理的であることの条件

演繹法、帰納法いずれのアプローチにおいても、「論理的」な状態においては以下の3つの条件が満たされていることになる

条件 1　（当たり前ではあるが）結論となるキーメッセージがある。
その結論が複数の根拠によって支えられ、**ピラミッド構造**となる

条件 2　結論を支える根拠には**モレやダブリがない**

条件 3　ピラミッドの**最下層部が「事実」**である

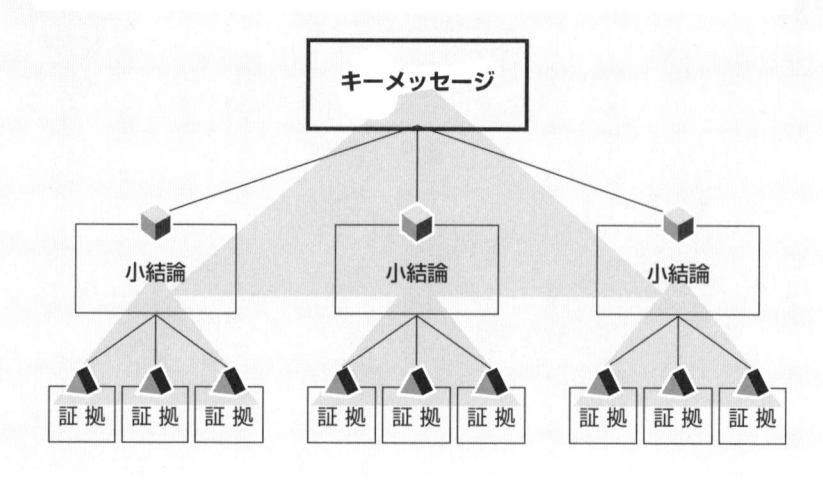

```
                    キーメッセージ
          ┌────────────┼────────────┐
        小結論        小結論        小結論
       ┌─┼─┐       ┌─┼─┐       ┌─┼─┐
      証 証 証     証 証 証     証 証 証
      拠 拠 拠     拠 拠 拠     拠 拠 拠
```

でした、子供たちにも好評でした、といえば説得が完了します。ところが、長男にも好評でした、と付け加えると、何か特別な意図があるのではないかという気持ちが聞き手側に起こってきます。根拠にダブリが生じても、結論には影響を与えないのですが、話がわかりづらくなったり、何か特別な意味があるのかな、という疑問が生じます（**資料12**）。

ですから「モレなくダブリなく」根拠を示すことを基本と考えてください。

資料12　条件（2）結論を支える根拠にモレやダブリがない

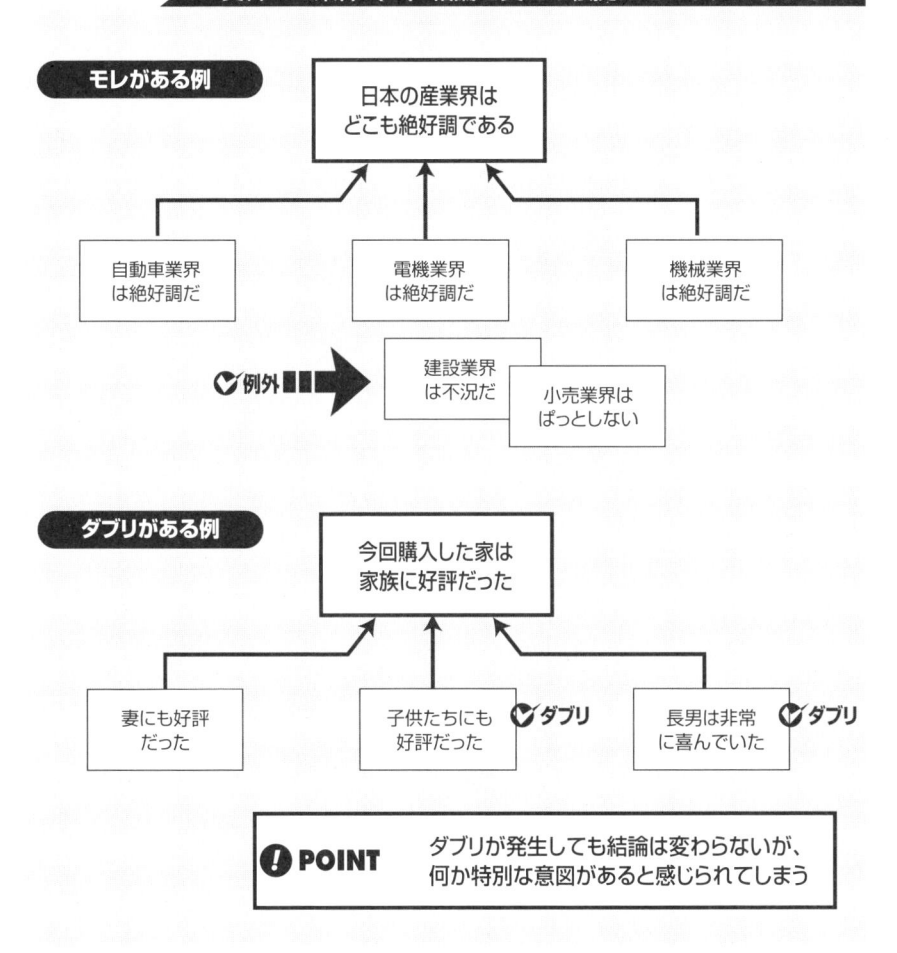

モレがある例

日本の産業界はどこも絶好調である
- 自動車業界は絶好調だ
- 電機業界は絶好調だ
- 機械業界は絶好調だ

✓例外 ➡ 建設業界は不況だ／小売業界はぱっとしない

ダブリがある例

今回購入した家は家族に好評だった
- 妻にも好評だった
- 子供たちにも好評だった ✓ダブリ
- 長男は非常に喜んでいた ✓ダブリ

> **!POINT** ダブリが発生しても結論は変わらないが、何か特別な意図があると感じられてしまう

この「モレなくダブりがない」状態をコンサルティング会社ではMECE（ミーシー）と呼んでいました。すでにいろいろな本に書かれているのでご存知の方も多いと思いますが、Mutually Exclusive, Collectively Exhaustiveの略です。前半は直訳すれば「互いに背反的である」ということでAという集合とBという集合の間に重なり合いがないことを指します。Collectは集めるという意味ですので、後半は、AとBをもう一度足し合わせると全体を埋め尽くしているということで、要するにものごとをモレなくダブりなく分けていくことをMECEに分けるなどと言います（資料13）。

資料13　MECEという考え方

MECE＝Mutually Exclusive, Collectively Exhaustive

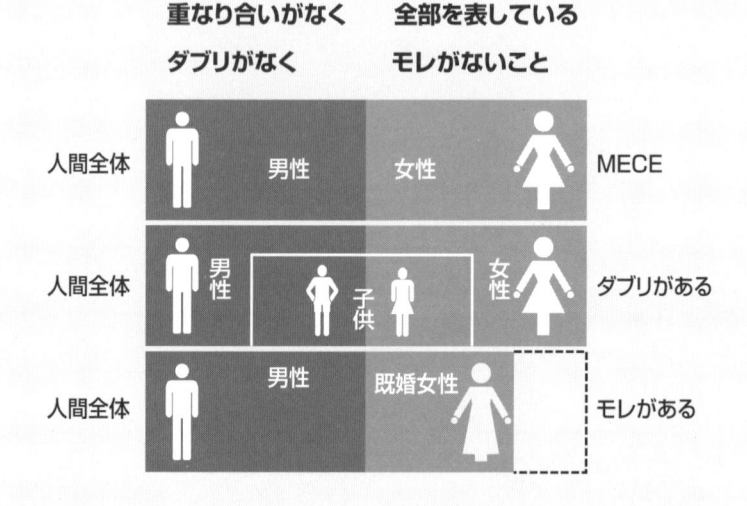

重なり合いがなく
ダブりがなく

全部を表している
モレがないこと

人間全体	男性	女性	MECE
人間全体	男性／子供／女性		ダブりがある
人間全体	男性	既婚女性	モレがある

! POINT
要するに「部分集合」に分解していくということ!!
あるものをMECEに分ける方法は無数にある。
（例）人間→血液型、星座、学歴、年代、居住地…

論理を支えるときには、主張の根拠をMECEに揃えることが基本です。

3番目の条件としては、ピラミッドの一番下に来る部分が事実によって構成されていないと、たちまちそのすぐ上の構造が崩れてしまい、ピラミッドは連鎖的に崩壊してしまいます。ですから、ピラミッドの最下層は、必ず証拠のある事実で構成されている必要があります。ただし、学問としての論理学の世界では最下層部が事実であることは求められません。"モーニング娘のメンバーは全員、今晩の歌番組に出演する" "織田信長はモーニング娘のメンバーである" ゆえに "織田信長は今晩の歌番組に出演する" というのは学問的には "論理的" であると言われます。しかし、ビジネスの世界で間違った事実に基づいて結論を述べるのはそれこそサギということになりますので、認めるわけにはいきません。ただし、間違った事実からでも正しく論証して、正しい結論が導かれることもあり、この点については野矢先生の著書などをお読みください。

◎……演繹法による論理構築

「演繹」の本来の意味は、「含意」ということです。その言葉から何が引き出せるかを指します。たとえば、「その人は婦人警官だ」という命題からは、その人が女性であり、警察官としての仕事をしていることが導かれます。しかし、「その人は婦人警官だ」という命題から、「その人はいつも青少年の補導をしている」ことは導けないのです。そういうことをしている時ももちろんあるでしょうが、「いつも」しているかどうかはわからないのです。**このように言葉の持つ意味を基本に推論していくのが演繹です。結論は必ず成立する一方で、あまり面白みのある結論は導き出せません。**

＜集合論理＞

では、具体的な論理の組み方について、まず演繹法から見ていくことにしましょう。演繹法には3つの代表的パターンがあります。1つ目は「集合論

理」と呼ばれるものです。例を挙げると、すべてのほ乳類には心臓がある、という命題が与えられます。それに対して、すべての馬はほ乳類である、というメッセージがあるとき、すべての馬には心臓があるという結論が導かれる。これが集合関係で表されるパターンです。先ほどの例でいえば、「婦人警官とは女性で警察官としての仕事をしている人をさす」という大前提が与えられ、さらに「佐藤さんは婦人警官だ」という事実から、「佐藤さんが女

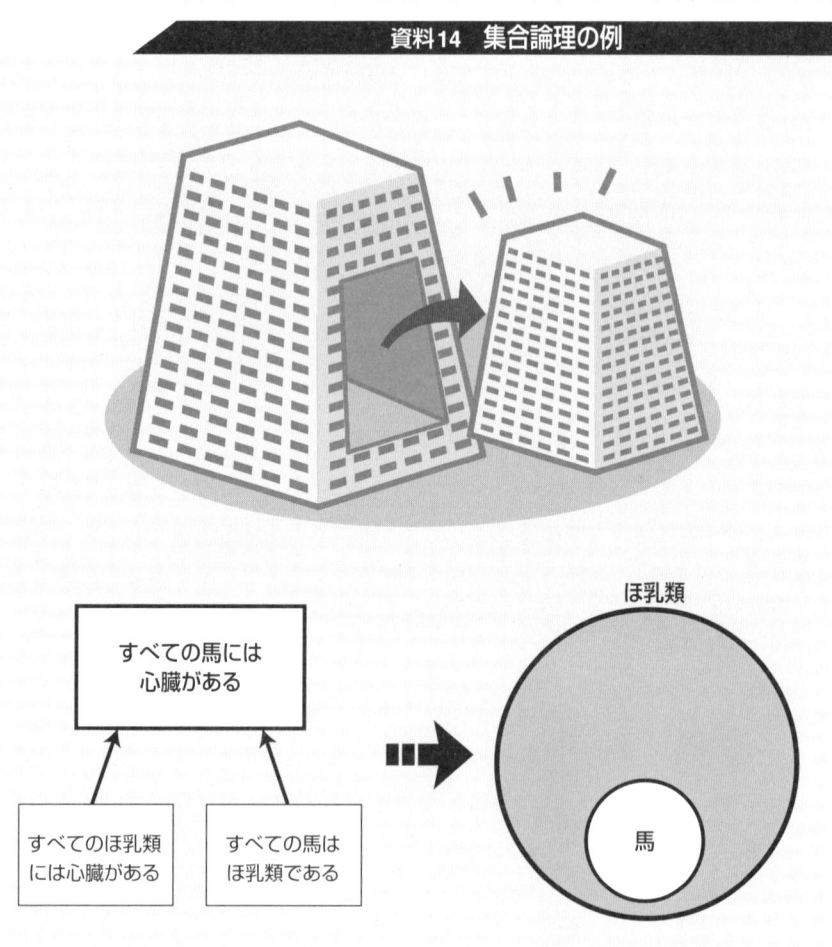

資料14　集合論理の例

性で警察官としての仕事をしている」ことが導かれるのです（**資料14**）。

＜条件論理＞

演繹法の2番目のパターンは、「条件論理」と呼ばれるものです。たとえば、某社では、"就業規則を破れば必ず解雇される"という条件があるとします。つまり、「AならばB」という関係がある。そのときにAが成り立ってしまった。つまり、ある社員が就業規則を破ってしまう。論理の導くところにしたがって、彼は解雇される、という結論が導かれる。このように、条件関係で表現されるタイプの論理があります（**資料15**）。

さらに、「就業規則を破れば解雇される」という文章が意味するところを

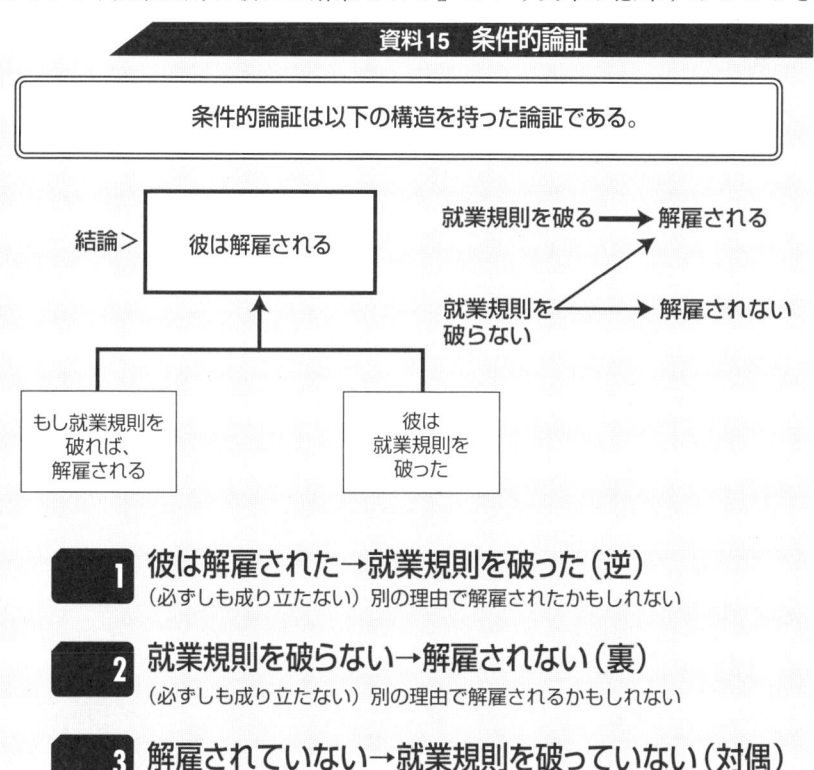

資料15　条件的論証

条件的論証は以下の構造を持った論証である。

結論＞　彼は解雇される

就業規則を破る　→　解雇される
就業規則を破らない　←→　解雇されない

もし就業規則を破れば、解雇される

彼は就業規則を破った

1　彼は解雇された→就業規則を破った（逆）
（必ずしも成り立たない）別の理由で解雇されたかもしれない

2　就業規則を破らない→解雇されない（裏）
（必ずしも成り立たない）別の理由で解雇されるかもしれない

3　解雇されていない→就業規則を破っていない（対偶）
（必ず成り立つ）

厳密に読み解くと、この文章は就業規則を破らなかった場合にどうなるかについては何も規定していないわけです。では、就業規則を破らなかった場合どうなるのかというと、何か別の理由で解雇されることもあるし、解雇されない場合もある。ですから、"ある人が解雇された" という事実があったとしても、その人が必ず就業規則を破ったかというと、それは必ずしも導けないわけです。

就業規則を守り続けたのに別の理由で解雇されることもあるわけですから、「逆は真でない」という状況が現出します。いずれにしても、矢印関係で表される論理というものが演繹法の第2番目のパターンだということを理解しておいてください。

<背理法>

3番目に「背理法」と呼ばれるパターンがあります。ちょっと特殊なテクニックを用いる論理法ですが、解説してみましょう。一例として素数問題を取り上げます(**資料16**)。

まず、「素数は無限に存在する」ということを証明したい。素数というのは1と自分自身でしか割り切れない自然数のことで、2、3、5、7、11、13などという数字を素数と呼びます。そこで、素数が無限にあるということを証明するために、まず、いったん無限ということを否定し、有限だと仮定します。

資料16でいえば、つまりP1から始まってPnで終わると仮定するわけです。次に、P1からPnまでの数字を掛け合わせ、1を足した数字Xを想定しましょう。この数字はPnよりもはるかに大きな数字になりますが、素数はPnで終わっていると前提していますから、Xは絶対に素数ではないはずです。ところが、いろいろな数字で割ってみると、何で割っても1余ってしまうので、Pnよりもはるかに大きい素数が見つかってしまった、という矛盾に陥るわけです。

素数は有限だと仮定したにもかかわらず、それよりも大きな素数が見つか

資料16　論理的論証（背理法）

条件的論証（背理法）は以下の構造を持った論証である。
証明したいことの否定を仮定した結果、矛盾が導かれるなら、仮定の否定、すなわちもともと証明したかったことの成立が証明される。

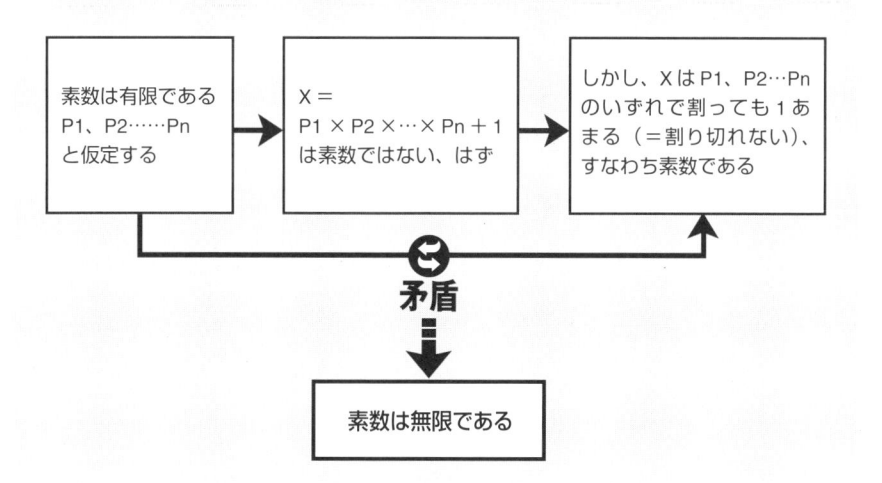

```
┌─────────────┐    ┌─────────────┐    ┌─────────────┐
│素数は有限である│    │X =          │    │しかし、XはP1、P2…Pn│
│P1、P2……Pn   │──▶│P1×P2×…×Pn+1│──▶│のいずれで割っても1あ│
│と仮定する    │    │は素数ではない、はず│    │まる（＝割り切れない）、│
│             │    │             │    │すなわち素数である │
└─────────────┘    └─────────────┘    └─────────────┘
        └──────────────矛盾──────────────┘
                        │
                        ▼
                ┌─────────────┐
                │素数は無限である│
                └─────────────┘
```

ってしまった。それはつまり最初の仮定が間違っていたという事実を表します。有限と仮定したことが間違っているのだから、素数は無限にある、と確認できる。こういう、いささか回りくどい証明の仕方を背理法といいます。

　以上述べてきたように演繹法の典型的なパターンには3つあるのですが、ビジネス上のプレゼンテーションでは、演繹法はあまり使い勝手がよくありません。なぜなら、演繹法ではたとえば「すべての馬には〜、すべてのほ乳類は」という前提の仕方を用いますが、ビジネスの世界で「すべての○○は、こうだ」といった命題自体が存在しにくいと思いませんか？　そもそも、企業は他社といかに差別化するかでしのぎを削っているからです。ですので、演繹法の形になるような事例を作るとあまり意味のないものになりがちです。「すべての株式会社には代表者がいる。うちも株式会社だ。だからうち

の会社にも代表者がいる」。たしかに論理的ですが、そのような説明を受けても何もありがたくないわけです。

　いま説明した背理法も、ビジネスで使うのは難しい。「当社の製品がよいことを証明しましょう。まず当社の製品が悪いと仮定してください……」などと言ったら、その後をあまり聞く気になりません。ただし、警察や刑事の世界では背理法がよく使われるのではないでしょうか。刑事ドラマのシーンなら「じゃあお前が言ってるとおり、お前が犯人じゃないと仮定しよう」といって追究していき、矛盾が生じたときに「お前が犯人だ！」というようなストーリーはあり得ると思います。しかし、通常のビジネス場面で、背理法を用いて相手を説得するというケースは、ちょっと考えづらいと思います。

　いずれにしても演繹法は、ビジネスの場では使いにくい、使ってもあまり聞き手にとって意味のない結論を導くだけとなってしまうという危険があります。

◎……推測による論理構築

　一方、推測は演繹に比べ、相手を説得するときに多用されますし、場合によっては間違った使い方をしてそれを指摘され、一挙にプレゼンテーションの論理が崩壊するということがあるのでよく知っておくべきものです。推測のパターンとしては代表的なものを5つ挙げることができます。

＜帰納法＞　　　　　　　　　　　　　　　　　　　　　　　　　　　　　資料17

　帰納法というのは先にも触れましたが、たくさんの証拠を示して、そこに共通するルールを導き出す、あるいはそこから導ける事柄を述べるということですから、必然的に証拠を"網羅的に枚挙"することが基本になります。全部網羅して観察した上で「結論はこうだ！」という論法です。逆に言うと、とにかく例外を指摘されたり、見落としを指摘されると弱くて、結論が崩れることになります。前述した「MECE」に証拠が揃えられていることが不可

資料17　枚挙による論証

枚挙による論証とは、以下のように具体的な観察事例を羅列して結論を導く論証である。

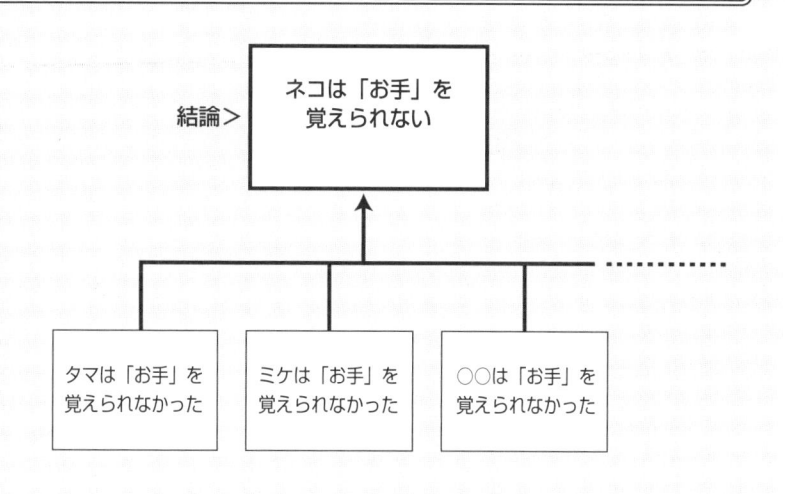

結論＞　ネコは「お手」を覚えられない

タマは「お手」を覚えられなかった　　ミケは「お手」を覚えられなかった　　○○は「お手」を覚えられなかった

欠です。

　仮に、「ネコは『お手』を覚えられない」ということを主張するのであれば、具体的な事例として、タマで実験した結果やミケで実験した結果……を述べていく必要があります。万が一「お手」をする猫が発見されてしまうと、必ずしも結論は正しくないのでは、と問い質されることになります。

　ビジネスの世界で気をつけなければならないのは、"みんな"という言葉を使って、すっかり網羅した気になっている人が多いことです。卑近な例を挙げれば、「部長、今回の評価制度は見直すべきではないでしょうか。みんなそう言っています」。それで、「みんなって誰なの？」と具体的に訊いていくと、一人二人しか名前が挙がらない、なんてケースはよくあります。また、「うちの子どももそろそろ塾に通わせないといけないんじゃないかしら。みんな通わせているのよ」と奥さんが言うので、ご主人が「みんなって誰な

の?」と尋ねると、やっぱり3,4人のお母さんの名前しか挙がらなかったりします。"みんな"という極めて曖昧な言葉を使って網羅しているつもりになっても、全然網羅できていませんから、結局、説得は失敗してしまうのです。みなさんが過去に行ったプレゼンテーションで、「競合他社が"みんな"○○に取り組んでいるので、うちも取り組むべきです」、などと主張していたとしたら、あいつは論理的ではないと思われているはずです。

　帰納法には数学的帰納法と呼ばれる方法もあります。
　「すべての自然数nに対して必ず『P』という法則が成り立つ」ことを証明せよ、というような場合に、まずn＝1のときにPが成り立つこと、n＝2のときにもPが成り立つことを証明します。
　ここで、「n＝k、k＋1のときにPが成り立つと仮定したときに、n＝k＋2でもPが成り立つ」ことを証明してしまうと、すべての自然数nについてPが必ず成り立つことが導けます。なぜなら、n＝1、n＝2のときにPが成り立てばn＝3でもPが成り立つことになり、従ってn＝2、n＝3のときにPが成り立つので、n＝4でもPが成り立つことになり……順番にすべての自然数でPが成り立っていくからです。1つひとつ網羅しようと思っても自然数は無限にありますので、1つひとつ示す代わりに上のようなやり方で、すべての自然数に対してPという法則が成り立つことを示してしまうわけです。

＜仮説の提示＞……………………………………………………**資料18**

　推測の2番目は「仮説の提示」と呼ばれるものです。与えられた事実から、複数の主張を導くことが可能な場合の結論を仮説と呼びます。どういうことかというと、パソコンの新製品開発にあたって市場調査をしていると想定してください。
　今、低価格のパソコンが売れている、という市場調査の結果が上がってきたとします。たとえば、C社とかD社の低価格パソコンが爆発的に売れてい

II 説得的プレゼンテーション

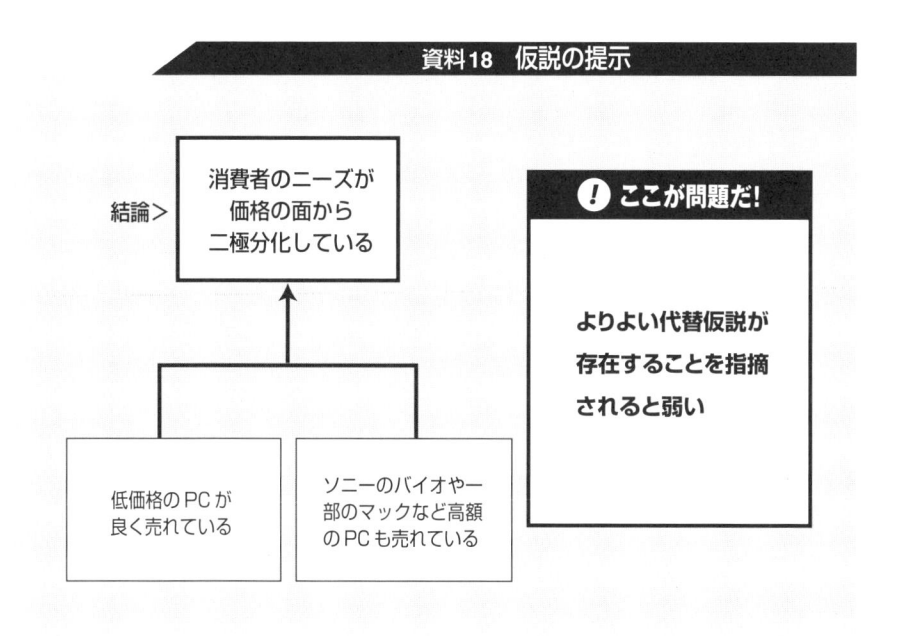

資料18　仮説の提示

結論＞　消費者のニーズが価格の面から二極分化している

低価格のPCが良く売れている

ソニーのバイオや一部のマックなど高額のPCも売れている

❗ ここが問題だ!

よりよい代替仮説が存在することを指摘されると弱い

る、と。一方で、パソコン・ショップに出かけてみると、S社のバイオとか、A社のiマックといった高価格帯のパソコンも売れている。こういう事実に直面したときにどのような結論が導けるか。ひとつの考え方として、「消費者のニーズが価格の面で2極化している」という見方が存在します。「安いパソコンが売れている」という事実、「高い機種も売れている」という別の事実から、どうも2極分化しているんじゃないか、という風に結論づけられた。

　しかし、この場合、別の仮説が提示されると、途端に最初の仮説が弱くなります。たとえば、次のような主張がなされたと考えてください。「価格が2極分化している」というが、そうとらえるべきではないんじゃないか。C社やD社のパソコンは、低価格という"価値"を持っている。一方、S社のバイオは、他のデジタル機器との接続性が高く、それらの機器と接続していろいろな楽しみ方ができる、という"価値"を持っている。さらにiマックはデザインがよくて、置いておくだけでインテリアとして見映えがいい。だ

から、すぐれたデザイン性という"価値"が受けているのだ。つまり、「明確な価値のあるモノが売れている」と考えたほうがよいのではないか。こういう別の仮説が出てくると最初の仮説はぐらつくことになります。

　従って、この例のように"代替仮説"が指摘されてしまうと、「仮説の提示」という論法も弱い点があります。限られた情報から"仮説"を立て、それに基づいて相手を説得する場合、別の仮説で対抗されると大変弱いのです。ですから、自分が導いた仮説が本当に唯一考えられるものなのか、別種の仮説があり得ないのか、という点については徹底的に検証し、複数の仮説があるのであれば、より現実を言い表しているのはどちらかデータで検証する作業が不可欠になります。「仮説の提示」という論法は、決まるときには鮮やかですが、仮説をひっくり返される危険も多分に多い論証方法なのです。

＜因果関係による推測＞ ……………………………………………資料19

　推測の3番目のパターンが、「因果関係」による論証と言われるものです。これがまた非常によく使われる論証方法です。

　たとえば新製品の開発を提案するときに、その製品が儲かることを主張したい、とします。儲かるというのは、別の言葉で言えば「利益が出る」ということです。"利益"はどのような変数によって決まるのか、と考えるわけです。

　利益とは、その新しい製品がどれだけ世の中に受け入れられるかという「数量」に、1個を売ったときの価格からコストを引いた金額をかけあわせることで決定します。さらにこの「数量」が何によって決まるかというと、市場全体の規模（数量ベースでみた市場規模）掛ける、その会社のシェアで決定します。結局、「利益」というのは、市場の規模はどのくらいあるのか、その中でどれくらいシェアをとれるのか、1個売るとどれだけ儲かるか、その3つの変数で決定するわけです。

　すると、「市場規模が大きくなります！」「市場でシェアがとれます！」「1個売るとこれだけ儲かります！」、ということを証明することで必然的に利

資料19　因果関係による論証

ある変数を決定する変数は何かを考える

変数（決定要素）で分ける

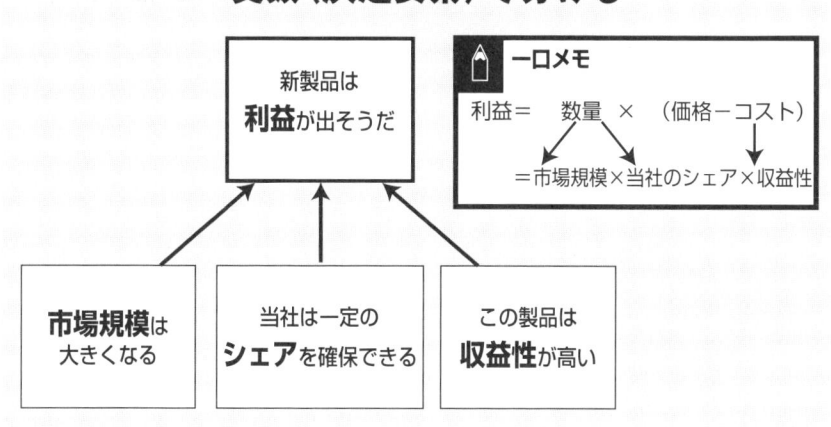

新製品は**利益**が出そうだ

一口メモ
利益＝　数量　×　（価格－コスト）
＝市場規模×当社のシェア×収益性

市場規模は大きくなる

当社は一定の**シェア**を確保できる

この製品は**収益性**が高い

益が出ます！、ということが経営陣に納得してもらえるはずで、新規事業の立ち上げに対して、まずは興味を持って聞いてくれるわけです。このように"変数に分解する"というのは誰にとっても理解しやすい論証の方法です。

＜類推／アナロジーによる推測＞ ……………………………………資料20

　もう一つ、推測の典型的なパターンに類推、あるいはアナロジーと呼ばれるものがあります。ある分野であることが成り立っているときに、その分野とこちらの分野は似ているので、こちらの分野でも同じことが成り立つはずだ、といった相似、類似を求める論法です。

　資料20の例を検討してみましょう。大量のサッカリンを摂取したマウスは、サッカリンを与えられないマウスに比べてかなり高い確率で膀胱癌にかかるという実験結果が一方に示されます。それとは別に、実はマウスと人間

とは生理学上似通った点が多いんですよ、という「事実」が明らかにされます。そこで、人間も大量にサッカリンを摂取すると膀胱癌になるかもしれませんね、という結論が導かれます。

　こういうタイプの論証の仕方で何が問題になるかというと、下段右の類似性がポイントになります。人間とマウスは生理学的にそんなに近い種なのか？この疑問が解消されないと、ここで行われている類推は"疑わしい"ということになります。

　この事例から想起されるのが、新規事業などの提案において「こういうビジネスが今米国で勃興しつつある。だから私は日本でも同じことをやりたい」という論理を組んで社内でプレゼンテーションを行い、聞き手側も論理の甘さに気づかずに承認してしまうような事例です。さきほどの事例でもおわか

資料20　類推による論証

類推による論証とは、異なった2つの事物の比較をし、互いに似通った点を挙げることで結論を裏付けようとする論証である。

結論＞ 大量のサッカリンを摂取する人は膀胱ガンにかかりやすい

大量のサッカリンを摂取したマウスは、サッカリンを与えないマウスに比べ、かなり高い確率で膀胱ガンにかかるという実験結果が出た

マウスと人間は生理学上、似通った点が多い

POINT　引き合いに出した事例が類似性などの点で不適切と指摘されると弱い

りいただけるように、米国においてそのビジネスが受け入れられている背景と同じようなことが日本でも起こりつつあるかどうか、本当に米国と日本とがそのビジネスにとって同じような環境にあると言えるのかを検証することが重要です。

＜権威に基づく推測＞ ………………………………………………資料21

　これは網羅的に枚挙する代わりに、問題となっている事象について網羅的に知っていそうな権威を引き合いに出して、「権威者が保証しているのだから正しいんだ」と説得するような論証の仕方です。

　資料21の例題に従うなら、某畜産大学の山田教授は狂牛病の信頼すべき専門家である、という"権威づけ"がまず示されます。そんな山田教授が

資料21　権威に基づく論証

権威に基づく論証とは結論の裏付けをするために、その分野における権威のある人物、機関、書物などを引用する論証である。

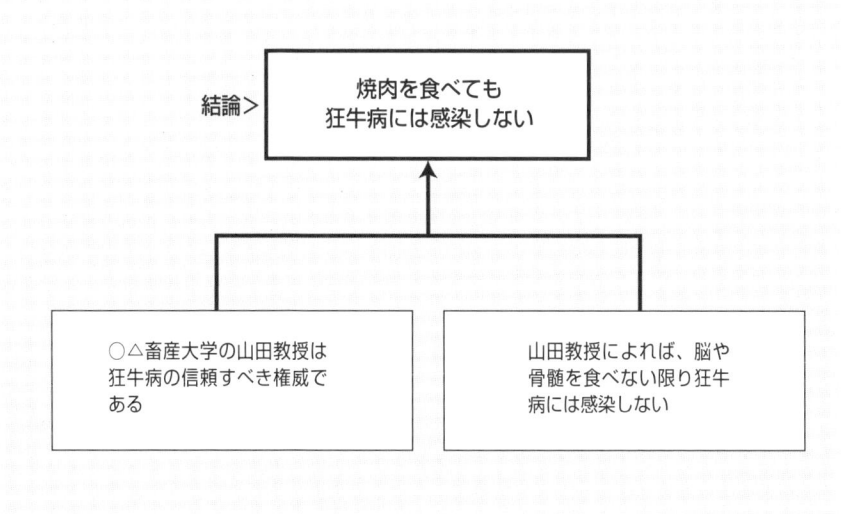

結論＞　焼肉を食べても狂牛病には感染しない

○△畜産大学の山田教授は狂牛病の信頼すべき権威である

山田教授によれば、脳や骨髄を食べない限り狂牛病には感染しない

「脳や骨髄などを食べない限り肉を食べているだけなら狂牛病には感染しない」と言っている。そんな偉い人が言っているんだから、牛肉を食べても絶対狂牛病にはならない、といった論法です。

　権威を引き合いに出して、権威者や権威ある機関が保証するから「正しい」と説得する方法です。この場合、問題になるのは「権威」そのものの真正性です。本当に権威者なのか（どの程度の研究成果を持った人物なのか、経歴を偽っていないか）、発言に一貫性や整合性はあるのか、などの疑いを持たれると、「権威に基づく論証」は崩れ、権威そのものに対する信頼性も失われてしまいます。"権威"の失墜は時としてあっけなくやってくるし、一旦失われた権威の回復はまことに困難です。権威の"援用"という手法の効果と危険性は、諸刃の剣と言えるかもしれません。ただし、聞き手側が権威に弱いときには高い効果が見込まれます。あの人は一流大学を出ているのだから間違いない、あの人は一流企業に勤めているんだから安心だ、というような会話はよく耳にすると思いませんか？

　ここで注意していただきたいのは、基本的には推測のパターンでは**与えられた情報から、その情報自身が意味していること以上の意味合いを積極的に抽出しようとしている**点です。演繹が言葉の含意を引き出すのに対して、推測では、与えられた情報をどううまく説明するかに力点がおかれています。

◎……論理構築の演習
◆演繹と推測の組み合わせ演習

　いずれにしても、演繹と推測の各種パターンを組み合わせながら、結局は自分の言いたいメインメッセージを支えていくのが、プレゼンテーションのコア・スキルになっていきます。ここで実際に、あるメッセージの論理をいかに分解していくか、という演習をしてみましょう。

　あらかじめ概要を提示しておきますと、

資料22　演習

問題　ある人が「現代人は、健康維持のために必要とされる栄養でさえ十分に摂取できていない」ことを広く理解し問題意識を持ってもらうために、以下のような文を書きました。ロジックの弱いところはどこでしょうか。

みなさんは、**現代人が、健康維持のために必要とされる栄養量でさえ、十分に摂取できていない**ことをご存知ですか。

平成9年の国民栄養調査の結果では、カルシウムを除くほとんどの栄養素は所要量を満たしていると発表されています。しかし、実はこの調査結果はあくまでも国民全体の平均値を示したもので、各個人別に見ると所要量に満たない人の割合が非常に高いのです。とくに、1人世帯でその割合は高く、所要量の約2.7倍も摂取されているビタミンCでさえ、不足している人が約25％もいるのです。所要量さえ摂ることが難しい現代人。なぜ食べ物があふれている今、栄養素を十分に摂取することができないのでしょうか。

このような事態を招いているのには2つの大きな理由があります。

第一の問題は、現代人が口にしている食品そのものの栄養価が低いということです。忙しい現代人の食事には欠かせない加工食品ですが、その利用頻度が高い人ほど栄養摂取量は低いとの報告があります。それは加工食品の栄養価が低い傾向にあるからです。一方、作物の命とも言うべき土壌が、昔よりも悪化してきているのに加え、大量生産による化学肥料や農薬の使用で、現在収穫される作物の栄養価は低下してきています。さらに、普段私たちが口にしている米、小麦、砂糖などは、ほとんどが精製加工されており、食品が本来持っているビタミン、ミネラル、食物繊維などの栄養成分が精製の過程でかなり失われてしまうのです。

毎日の食事で十分に栄養をとっているつもりでも、思いがけず不足していることがあります。その理由について考えてみましょう。栄養素の中には加熱すると失われる性質のものや、水に浸すと溶けだしていくものがあり、洗ったり調理をしている間に食品中の栄養価は明らかに低下しています。実際に私たちが口にする食事は、とれたての食材より栄養価がかなり低下しています。たとえばホウレン草を3分間ゆでるとビタミンCは約52％、ビタミンB1は約30％も失われます。

加工食品に偏った食事や朝食を食べない人の増加は、さらに摂取品目数を減少させ、現代人の栄養不足に拍車をかけていると言えます。栄養所要量を満たすためには1日30品目の食品摂取が目標ですが、実際には約22品目しかとれていないのが現状です。

第二の問題は、せっかく体内に取り入れた食品から栄養素を吸収できていないということです。食べ物に含まれる栄養素がそのまますべて体内で有効に利用されるかというと、残念ながらそうではありません。年齢や体質、その時の体調など、個人によって差があります。また、鉄分や亜鉛のようなミネラルは一般的に吸収率が低く、10％以下のものも多くあります。さらに、食品によっても体内吸収率が異なります。たとえば、乳製品に含まれているカルシウムの吸収率は野菜や小魚のカルシウムに比べて2倍近く高い傾向にあります。現代人は多くのストレスにさらされています。ストレスは体内に備蓄している栄養素を失わせ、低下させていきます。不足状態が継続的に続くと、心身共に不調が表れてきます。たとえば、非常に激しいストレスがかかると、牛乳約4.5リットル分に相当するタンパク質が胃壁から失われたという報告もあるほどで、ひどい場合には胃壁を傷つけ潰瘍を起こすこともあります。

まず前ページの文章（**資料22**）を読み、筆者の論旨にしたがってピラミッド図を描いてください**（答えは資料23）**。実は、添付文書には一読しただけではわかりにくい論理の抜け穴が用意してあります。
　そこで、論理の不完全な部分を指摘してください（**資料24**）。
　最後に、もう一度、正しい論理のピラミッドを組み直してください（**資料25**）。以上が、論理構築のための演習ということになりますが、以下に順を追って、演習の解き方を述べてみましょう。
　まず、添付の文章は、「現代人は健康維持のために必要とされる栄養を十分に摂取できていない」という趣旨のもとに、いろいろ傍証などを挙げて論じています。一見するといかにも論理的な文章です。こういう文章は、用いられている論理をピラミッド型に構成し直すという手法を知らないと、「まったくその通りだ」という風に読めてしまうんですね。筆者の言っている通りにピラミッド型に整理し直すと（**資料23**）、いろいろ矛盾点が出てきますので、逐次説明してみましょう。
　まず、「現代人が健康維持に必要な栄養素が十分に摂れていない」という論旨について、この文の筆者は「そもそも口にしている食品そのものの栄養価が低い」という話と、「体内に摂り入れた食品を実は栄養として吸収できていない」という2つの論旨で支えています。さらに、口にしている食品そのものの栄養価が低いということについては、そもそも「栄養のない加工食品の利用」が増え、「作物の栄養価が低下」している、「調理の過程で栄養が失われる」、「摂取品目が減少」しているという風に論旨を展開していきます。
　しかし、よくよく注意してこの文章を読むと、たとえば我々は加工食品や畑の作物だけを食べているわけではなくて、魚とか肉も食べているのに、そのことには触れていない。また、作物の栄養価が低下していることに関連して、「土壌の悪化」や「農薬や化学肥料の使用」みたいな話を書いています。「土壌の悪化」や「農薬の使用で作物の栄養価が低下する」というところまでは認めるとして、でも、「化学肥料の使用」は「土壌を補い」、「作物の栄養価を高める」ためのものではないか、というような疑念が兆します。

資料23　論理をピラミッド図で確認する

0　現代人は健康維持に必要な栄養すら十分とれていない

- **1**　口にしている食品そのものの栄養価が低い
  - **1-1**　加工食品の利用頻度の高い人ほど栄養摂取が低い
    - 加工食品の栄養価が低い
  - **1-2**　作物の栄養価が低下してきている
    - 土壌の悪化
    - 化学肥料や農薬
  - **1-3**　調理の過程で栄養は失われる
    - 精製過程で栄養低下する
    - 米・小麦・砂糖などは
  - **1-4**　摂取品目が減少している
    - 水で洗うと失われる
    - 熱で失われる
    - 朝食抜き
    - 偏食
- **2**　体内に取り入れた食品から栄養を吸収できていない
  - **2-1**　口から入っても吸収されない
    - 体調
    - 体質
    - 年齢
    - 鉄分
    - 亜鉛
    - 個人差がある
    - 栄養素による差がある
    - 食品による差がある
    - 乳製品＞野菜・小魚
  - **2-2**　栄養素を失わせることもある
    - ストレスでタンパク質が流出する

実はこの文章は、「いかにも真」であるかのように書かれていながら、ピラミッドに構成し直すと、次々に"抜け"が見つかってきます。資料23のピラミッド（ツリー）構造の右側を見てください。「口から入っても吸収されない」という論旨を強調するために、鉄分や亜鉛のことについて記述があります。しかし、それ以外にもたくさんある重要な栄養素については何も触れられていない。要するに、記述漏れがあるわけです。

　論理を構成するための必要な要素が"モレ"ていたり、文章の論理が整理されていないことを見抜くためには、ピラミッド型に論理を整理するのが効果的です。この演習では、"モレ"や"ダブリ"があっては、論理のピラミッドはきちんと組み立てられない、ということを、実際のメッセージ文を分解する形で検証してみました。もう一度、**資料24**でこの文章の不整合な部分を確認し、**資料25**の正しい（少しはましな）「ピラミッド型の論理構成」

資料24　論理の問題点

❗ 問題点

- **1** **2** だけでは **0** が論証できない。何故なら必要量がわからない
- **1-1** ～ **1-4** が並列されているのがおかしい
    - **1-1** ～ **1-2** は食品の話
    - **1-3** は調理の話
    - **1-4** は品目数の話で関係がわかりづらい
- **1-1** と **1-2** だけでは食品が網羅されていない
- **1-4** とそれを支える２つの命題の因果関係がわからない
    - 偏食でもカバーできる可能性があるのではないか
    - 朝食抜きでも昼、夜でカバーできるのではないか
- **2** と **2-2** は全然違う話で **2-2** が **2** の下に来ている理由がわからない
- **2-1** の下に並んでいる根拠も網羅感がない

資料25　論理ピラミッドの再構築

現代人は健康維持に必要な栄養すら十分とれていない

- 現代人の健康維持には一定以上の栄養素が必要だ
  - ミネラルは…
  - ビタミンは…
  - カルシウムは…
- 実際に取れている栄養量は少ない
  - 口から入る栄養の量がすくない
    - 口にする品目数が減っている
      - 加工食品の栄養価が低い
    - １品目当たりの栄養量が低下している
      - 作物の栄養価が低下してきている
        - 土壌の悪化
        - 化学肥料や農薬
      - 米・小麦、砂糖などは、精製過程で栄養低下する
      - その他の食品の栄養価が低い
        - 調理
          - 熱を加える
          - 洗う
  - すべての栄養を使い切れていない
    - 口から入ってもすべてを吸収できない
      - 個人差がある
        - 年齢
        - 体質
        - 体調
        - その他の要素
      - 栄養素による差がある
        - 亜鉛・鉄分
        - その他
      - 食品による差がある
        - 乳製品∨野菜・小魚
        - その他の食品
    - 一旦吸収されても失われるものもある
      - ストレスでタンパク質が流出する
      - その他の理由で流出する

に到る道筋を再確認してください。

◎……タイプ別の論理の組み方／
　判断基準を考慮した論理構成

　前項で、誰かの書いたメッセージ文の不備を、ピラミッドを構成し直すという形でチェックする演習を行いました。次に、自分のキーメッセージを相手に伝えるときに、どのように論理を組み立てていくか、について演習してみましょう。先に、メッセージの種類によって論理の組み立て方が違うということを指摘しました。以下に、メッセージの4つのタイプ（事実・評価・政策・希望）について、実地に論理の組み立て方の違いを説明します。

(1) 事実メッセージの論証

　事実命題は、単なる事実を述べる命題ということでした。**資料26**を見て

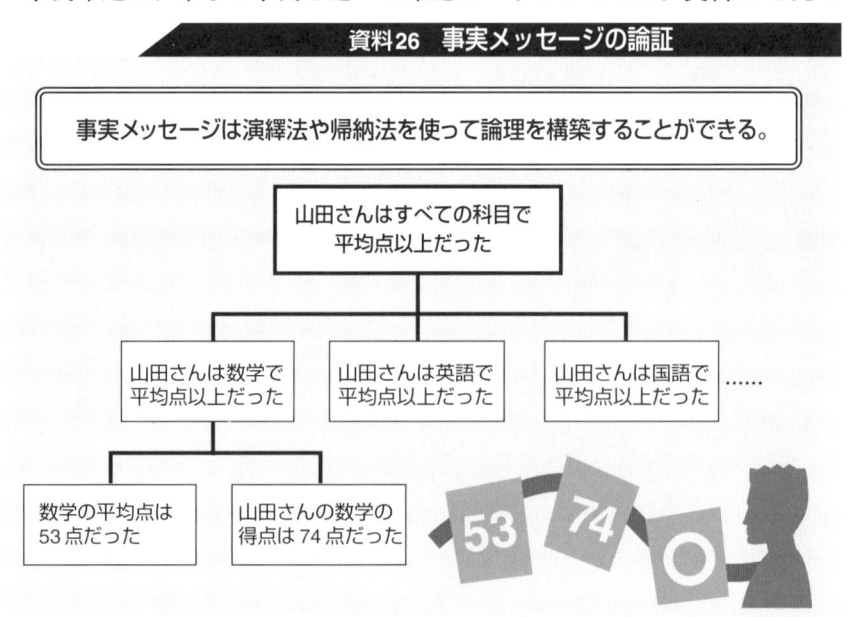

資料26　事実メッセージの論証

事実メッセージは演繹法や帰納法を使って論理を構築することができる。

- 山田さんはすべての科目で平均点以上だった
  - 山田さんは数学で平均点以上だった
    - 数学の平均点は53点だった
    - 山田さんの数学の得点は74点だった
  - 山田さんは英語で平均点以上だった
  - 山田さんは国語で平均点以上だった ……

ください。「山田さんはすべての科目で平均点以上の点数を取りました」、たとえばこういうメッセージが事実メッセージです。すべての科目について平均点以上だったというのですから、一科目ごとに、事実をサブメッセージとして並べていけば証明できます。

　山田さんは数学で平均点以上でした、英語でも、国語でも、等々、科目を列挙していくのです。では、山田さんの得点が平均点以上だった、ということを証明するには何をすればいいかというと、実際に山田さんの点が各科目で平均点より高かったことを実地に"確認"すればいい。すると、**資料26**にあるように数学の平均点は53点だったのに対し、山田さんの数学の得点は74点だから、平均点以上。以下、逐次各科目について事実メッセージを証明していく。ここでみたように、事実メッセージを演繹法や帰納法（推測の一つのパターンとしての帰納法）を使いながら証明するプロセスは、大変にシンプルなものです。

(2) 評価メッセージの論証　　　　　　　　　　　　　　　　　資料27
＊言葉を定義する

　次に、「山田さんは優秀な学生だ」という評価メッセージを論証するためには、事実メッセージの論証に比べると、ひと手順新たな操作が加わることになります。評価メッセージを論証する場合、まず何をもって「優秀である」と判断するのか、その判断基準について相手サイドと合意ができていないと困ります。

　たとえば、よく会社などで「あの人は優秀な社員だ」とか、「もっと優秀な人材を採れ」などといいます。難しいのは、「優秀」という言葉の定義が人によって違う、ということなのです。自分がその人を「優秀だ」と思っている根拠を並べていっても、相手がそれを重要だとみなしてくれるとは限らない。評価命題の論証では、ここが極めて重要なポイントになります。

　たしかに、「優秀だ」「幸せだ」という言葉から想像される内容を書き出してもらうと、人それぞれにまったく違うわけです。従って、「言葉を定義す

る」ということから始めないと、評価メッセージは相手に対して説得力を持たない、ということなのです。

　一方で、「優秀だ」「幸せだ」という言葉には普遍的な定義がありません。従って話し手と受け手の間だけで"定義"が納得されればよいわけで、万人に共通する普遍的な定義を探す必要もないのです。つまり、オーディエンス

資料27　評価メッセージの論証は難しい

評価メッセージの論理構築は事実メッセージほどやさしくない。なぜなら「優秀だ」とは何を指すのかについて、人によって考え方が違う可能性が出てくるからだ

事実命題の論証

山田さんはすべての科目で平均点以上だった
- 山田さんは数学で平均点以上だった　**事実**
- 山田さんは英語で平均点以上だった　**事実**
- 山田さんは国語で平均点以上だった　**事実**
- ……

VS

評価命題の論証

山田さんは優秀な学生だ
- ?
- ?

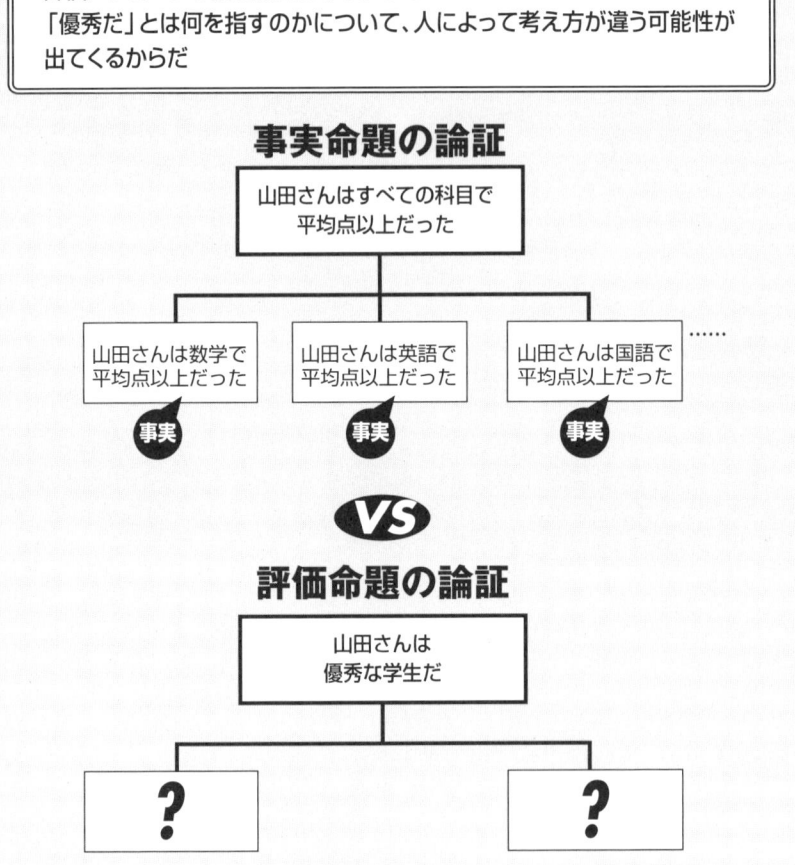

が「優秀だ」と考えているポイントが何であるのか、という点さえ押さえ、その点について証拠を示していけば説得はスムーズに運ぶのです。

＊論理力と説得力の違い

ここで資料27に戻ると、「優秀な学生」の定義として仮に「成績が上位20％に入っている」「ゼミの出席率も高い」ということで、話し手と受け手の双方で合意されさえすれば、「山田さんは優秀な学生だ」という命題はスンナリ論証できるわけです（**資料28**）。

論理力をどう定義するかによりますが、「論理力」と「説得力」というのは微妙に異なります。もちろん説得的であるためには自分の主張を根拠に基づいて行う論理力は必要条件なのですが、言葉の定義を加味してそもそもメッセージを決め、そのメッセージを証明するように論理を組むことが極めて重要です。相手の定義内容に多少自分の価値観と相容れないものを感じても、相手の土俵に上がって論旨を展開しないと相手を"説得"することはできま

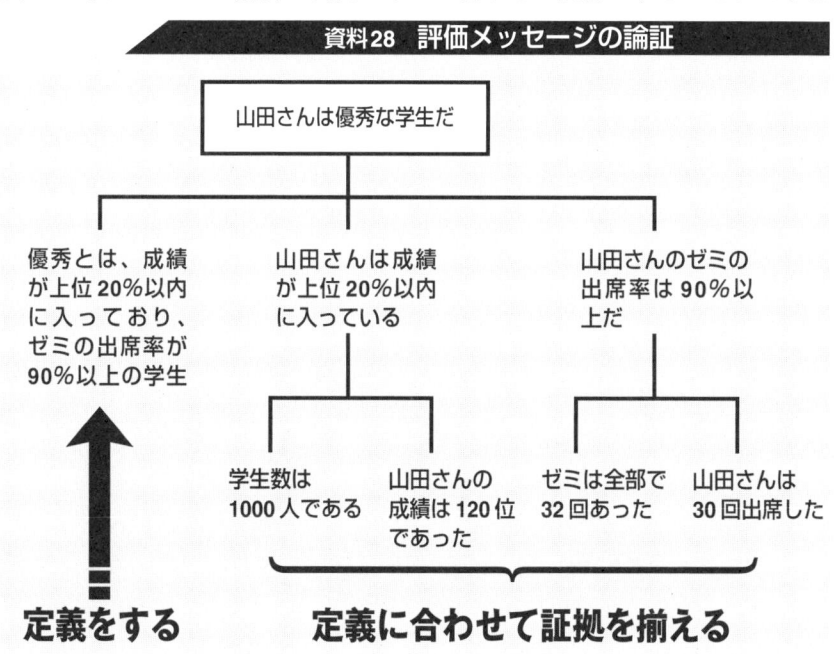

資料28　評価メッセージの論証

```
                    山田さんは優秀な学生だ
                           │
        ┌──────────────────┼──────────────────┐
   優秀とは、成績       山田さんは成績       山田さんのゼミの
   が上位20％以内       が上位20％以内       出席率は90％以
   に入っており、       に入っている         上だ
   ゼミの出席率が
   90％以上の学生
                    ┌──────┴──────┐   ┌──────┴──────┐
                  学生数は    山田さんの   ゼミは全部で  山田さんは
                  1000人である 成績は120位  32回あった   30回出席した
                              であった

     ⬆
  定義をする          定義に合わせて証拠を揃える
```

せん(どうしても定義内容が納得できなければ、まずそこから議論する必要があります)。

　たとえば、コピー機の導入を考えている人がいるとします。業務の性格上、50ページ以上の書類を束ねて2つの穴をパンチし、ホチキスで留める機能があることを最重視しています。仮に自社の持っている商品にはそのような機能があるが、何よりも印字が美しく、白黒もカラーもどちらもきれいだというのが最大の売りだと仮定してください。こんなときに、他社の商品と比べて、いかに印字が美しいか、白黒もカラーもいかにきれいかということを、話しても意味がありません。むしろ確実にパンチが行え、問題なくホチキス留めができることについて詳しくデータを準備するほうがよいのは明らかです。自分にとって重要なことと相手にとって重要なことは通常違うわけで、相手の重視しているポイントをつかんで、根拠を示してメッセージを主張しないと意味がありません。説得するときにはこの相手の重視していることを知ることこそが重要なのです。

　ですから優秀な営業マンが何ゆえによく売っているのか調べてみると、普段の会話の中で相手が何を重視しているのか把握しており、その重視しているポイントについて漏れなく根拠を示している場合が多いのです。

＊判断基準のない人

　一方で、判断基準を持たない人、判断基準を持てない場合、というケースが存在します。たとえば、就職説明会の場を想定してみましょう。学生に対してリクルーターが「うちの会社はいい会社です」と説得にかかる。すると、まず「いい会社」の定義が重要になります。しかし、一般的に言って「いい会社」とは、給料が高い会社なのか、社会的に有名な会社なのか、休暇がたくさんある会社なのか、仕事が楽な会社なのか、ほとんど判断基準は千差万別です。学生の方も、就職ということを最近考え始めたばかりで、何を判断基準にして「いい会社」を選べばいいのか、判断基準を持つこと自体が難しいような状況があるわけです。

このような場合に、先手を取ってこちらから判断基準を与えてしまうという戦法があります。たとえば「就職情報で有名なR社のアンケートによれば、"給料が高い""やり甲斐のある仕事が提供される""職場の人間関係がよい"ことが学生さんの求めている会社の条件のようですね」などと言いながら判断基準を与えてしまえば、学生は「そうか、他の人たちはそのように考えているんだ、たしかにそうかも知れないな」とこの判断基準になびいてしまいます。そこで、会社説明会を行う企業のリクルーターが、「わが社はまさに、"給与""やり甲斐""人間関係"の点で、他社と比べて優れています」と強調すれば、学生を誘うモチベーションになります。つまり判断基準を持たない人には、こちらからそれとなく「判断基準」を与えてあげる。これが、プレゼンテーションを効果的に行う秘訣なのです。

(3) 政策メッセージの論証　　　　　　　　　　　　　　　　　資料29

3番目のパターンは「政策メッセージ」です。とにかく相手に何かをさせようとする場合の「あなたはこうすべきです」というようなタイプのメッセージです。政策メッセージの場合、3つのキーとなる事柄を証明することが重要になります。

私は体重が重く、毎日のように「痩せるべきだ」と言われます。太った人に痩せるべきであることを納得させ、実際に痩せる気にさせるにはどういう論理を組んだらよいでしょうか？

①**必然性（inevitability）**

まず、第1に「そうしなければならない必然性」があることを相手に向かって説得することが重要です。何ゆえに痩せなくてはいけないのかその必然性を説明しなければいけません。必然性もないのに、食事制限したり運動をしたり辛い思いをするダイエットには取り掛かりたくないのですから、それでもやらなくてはならない必然性を理解させることが重要です。必然性を証明するやり方はいくつかありますが、ひとつの方法は、「そうしないと何か

まずいことが起こる」ということを相手に理解させることです。つまり「太ったままでは悪いことが起こる」ことを、具体的な証拠を挙げて証明していくわけです。たとえば、太ったままでは糖尿病にかかりやすいとか、太ったままでは、自己管理できない人と見なされて出世に響くとか具体的な根拠を挙げるわけです。また、このとき太っていることと糖尿病の間にどれだけ因果関係があるかなどをデータで証明することが不可欠です。たぶんそうなんじゃないか、と曖昧なことを言われても説得力は持ちません。こうしてとにかく「痩せなければいけない必然性」を訴えるわけです。

資料29　政策メッセージの論証

政策メッセージは、そうしなければならない**必然性**とそうすることによる**効用**、そうすることが**可能であること**の3つを根拠に揃えるのが一般的である

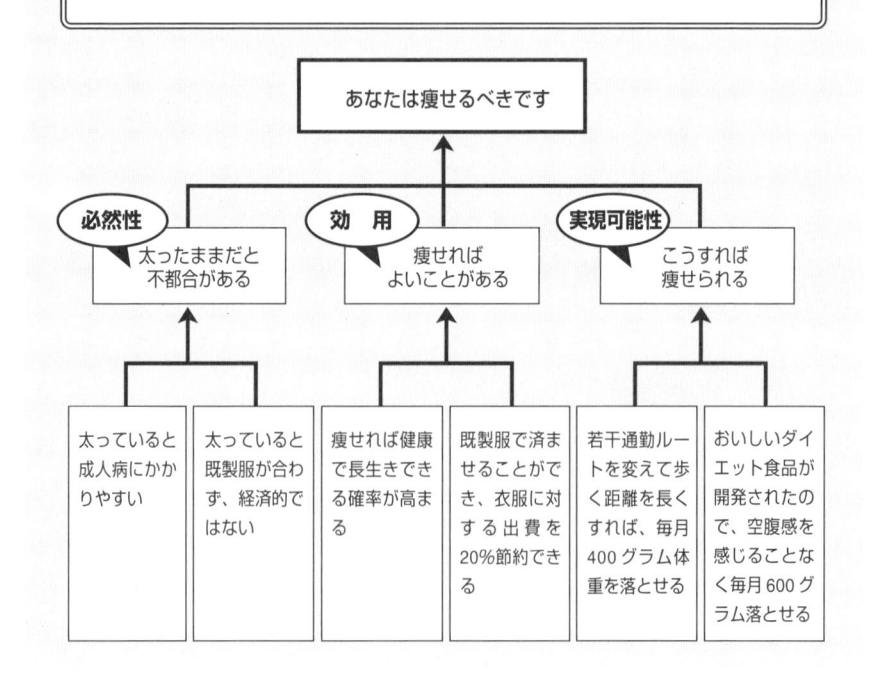

```
                    あなたは痩せるべきです
                              ↑
        ┌─────────────────────┼─────────────────────┐
     必然性                   効 用                実現可能性
   太ったままだと           痩せれば              こうすれば
   不都合がある            よいことがある          痩せられる
        ↑                    ↑                      ↑
```

| 太っていると成人病にかかりやすい | 太っていると既製服が合わず、経済的ではない | 痩せれば健康で長生きできる確率が高まる | 既製服で済ませることができ、衣服に対する出費を20%節約できる | 若干通勤ルートを変えて歩く距離を長くすれば、毎月400グラム体重を落とせる | おいしいダイエット食品が開発されたので、空腹感を感じることなく毎月600グラム落とせる |

また、必然性を理解させる方法として「それがルールなのだからそうしなさい」という説得の仕方もあります。校則とか、交通規則などのように、ルールなのだからつべこべいわず遵守せよ、といった形で納得させるのです。
　「他には選択肢がない」「他の選択肢はもっとまずいことになる」という主張をすることで、必然性を納得させる方法もあります。いずれにしても必然性を理解させることは非常に重要で、なぜかというと必然性に迫られないと人は何ごともしませんし、逆にどうしてもしなくてはならない理由がないのであれば、このままでいようという慣性が働きがちです。

②効用（benefit）

　政策メッセージ、つまり「こうすべきである」ということを説得するために言うべき2つ目のメッセージは、そうすることによって効用が得られるということです。つまり、「そうしたらどれだけいいことがあるか」というメリットを理解させるということです。今までとは違うことをやらせる、今までやってこなかったことをやらせるのですから、そのことをすることによってどのような効用がもたらされるかを明確にすることです。
　さきほどの太っている人の例でいえば、「太ったままだと大変なことになる」というデメリットに対して「痩せることでこんなにいいことがある」というメリットを示すことです。そのギャップが大きければ大きいほど、相手は「それじゃあ、痩せよう」という風に動機づけられるわけです。政策メッセージを相手にスンナリ納得させるには、メリットとデメリットの差を際立たせる工夫が必要ですし、そのギャップを際立たせることができれば、オーディエンスは雪崩を打ってプレゼンターの主張に同調してくるはずです。

③実現可能性（feasibility）

　ところが、そうはいってもどうすれば痩せられるかわからなければ人間は行動には移しません。こういう場合には「こうやれば痩せられますよ」という形で、「実現可能性を示す」ことも不可欠な要素です。

以上述べてきたように、「何々すべき」という政策メッセージを相手に納得させるときには、必然性・効用・実現可能性の3つをセットにして、場合によっていずれかを強調する論証の仕方が効果的だと思います。この方法は極めて汎用性が高いので、ぜひ覚えていただき早速使っていただきたいと思います。

　この政策メッセージの論理の組み方は、意思決定などの場面でも使えます。何かをすべきかどうか迷ったときには、そうしなければいけない必然性があるのか、そうすることでどのような効用が得られるのか、そうすることは可能なのか、という観点から冷静に考えていけば、答えは明らかになると思います。今つき合っている人と結婚すべきか、子供を○○中学に入れるべきか、など身近な例で考えてみてください。
　いずれにしてもこのように論理を分解することができるようになると決断が速くなり仕事がはかどります。

　しかし、ここでも注意しなければならない点があります。それは、「太ったままだと大変なことになりますよ」「痩せればいいことがありますよ」と説得する場合に、「大変なこと」「いいこと」というのが人によって違う、ということなのです。
　たとえば、「長生きする」ということが至上命題であるような人に対して「痩せるべきである」ことを納得させるには、「太ったままでは長生きできない、痩せれば長生きできる確率はぐっと高まる」という言い方は非常に説得力を持ちます。ところが、別に長生きしたいと思っていない人には、「痩せれば長生きしますよ」といっても、なんら説得力を持たないわけです。
　評価メッセージのところで述べたことの繰り返しになりますが、「大変なこと」「いいこと」といっても、結局は相手（オーディエンス）の「大変なこと」「いいこと」の判断基準を加えて命題を作りかえる必要があります。その人にとって重要に思えることに言葉を置き換えるという手順が欠かせな

いわけです。今の事例で言えば、「痩せればいいことがありますよ」というメッセージではなく、「痩せれば長生きできますよ」に変える必要があるということです。そして、長生きできることを統計的なデータなどの証拠で示してあげるのです。

メッセージをよりその人に合ったものに書き換える際に、「勉強しろ」「煙草をやめろ」「もっと痩せた方がいい」など個人のことに関するメッセージでは、結局は相手の"価値観"に踏み入っていくことになります。いい大学に入りたい、出生したい、長生きしたいなどそれぞれ人には譲れない価値観や、避け得ない制約条件があります。だからこそ、個人のことに関しては、価値観、制約条件を踏まえて、相手の琴線にふれる言葉を組み込んでメッセージに書き換えていかないと説得力を持たないことになってしまうのです（**資料30**）。

それではビジネスの場面で判断基準となるのは何でしょうか。たとえば、

資料30　論理力と説得力の違い

説得力＝論理力×判断基準

相手が判断基準として何を重視しているのかを理解し、その判断基準に訴求するメッセージを選択しないと説得力は生まれない

長生きすること以外に興味がない人に対して、左のような論理を組めば、非常に説得力を持つ一方で、右のような論理は説得力にか欠ける

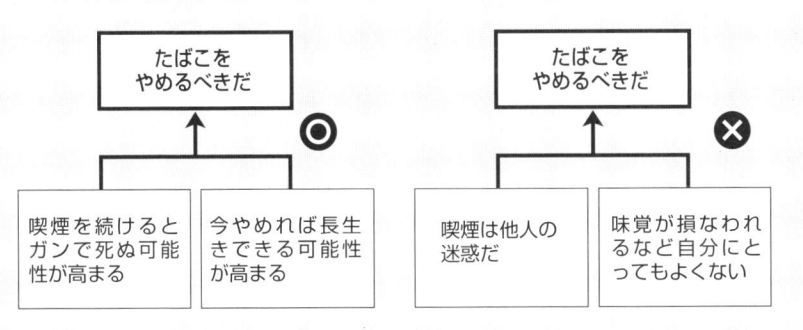

◎　たばこをやめるべきだ
- 喫煙を続けるとガンで死ぬ可能性が高まる
- 今やめれば長生きできる可能性が高まる

✗　たばこをやめるべきだ
- 喫煙は他人の迷惑だ
- 味覚が損なわれるなど自分にとってもよくない

社長に向かって、「社長、当社は新規事業Aを立ち上げるべきです」という主張をするとします。この場合も先の例同様、基本的には3つのことを証明することで主張が支えられます。「新規事業Aを立ち上げなければならない必然性がある」「新規事業Aを立ち上げることで、当社にとっていろいろなメリットがある」「新規事業Aを立ち上げることは可能だ」の3つです。この場合、個人の価値観に代わって判断基準として出てくるのが「経営理念」になります。企業を経営していく上で何を重視するかという考え方が経営理念ですから、まさに経営上の判断基準ということになります。または、その会社が将来こういう姿になりたいと策定したビジョン、現在とっている戦略、それらが判断基準になり得ます。新規事業Aを立ち上げることで、当社の売上・利益は長期的に拡大する。それは株主や従業員にとって望ましいことであり、株主重視の経営、従業員重視の経営はわが社の経営理念と合致する。だから新規事業Aを立ち上げよう、というわけです。

ただし、経営理念として、なかなか同時に満たすことのできない相矛盾することをたくさん掲げている企業がありますが、そういう企業では経営判断、意思決定がしづらくなると思います。

また、個人の場合に制約条件が判断の基準になると言いましたが、それと同様に、企業の場合も経営資源上の制約、つまり、ヒト、モノ、カネの面での制約があると経営判断の基準に大いに影響を及ぼしてきます。新規事業を起こすべきだという主張も、実際にその事業に投資するだけの資金を準備することが不可能であったり、その事業を立ち上げるリーダーが不在であれば、却下されることになります。

(4) 希望命題（メッセージ）の論証

メッセージのタイプでいうと4番目になりますが、希望メッセージというパターンがあります。「何々したい」「何々してほしい」という希望の要求です。これはメッセージのパターンには掲げてあるものの、基本的には論理の組みようがありません。本人の希望を述べているだけですので、最終的に根

拠を示しても、「本人がどうこうしたい」という単なる表明になってしまい、証明のしようがないわけです。

◎……論理構築上の重要ポイント
(1) キーメッセージに「あなた」「御社」を含める

なぜ希望命題というものを前項で採り上げたのかというと、希望メッセージを一生懸命相手に発信しては結局受け入れてもらえない、という事態を繰り返している人が目につくからです。たとえば商品を売り込みに行った場合に、「私はあなたにうちの商品を買ってほしいのです」というのがキーメッセージになってしまうと、論理的には説得できません。相手は、「あっ、そう」「あなたの気持ちはわかりました」という反応しか示しようがないですね。

ところが、一方、「あなたはうちの商品を導入すべきだ、購入すべきだ」と言われると、相手は、「なんで？」「どうして？　理由を教えてよ」というように相手の関心を引き起こすことができ、商機をつかむきっかけができるわけです。つまり、じぶんが「こうしたい」「ああしたい」ではなく、相手が「こうすべきだ」という風にメッセージの中にある主語を書き換える必要があるのです。要するに、コンテンツを作成していくときに、メインとなるメッセージには必ず、『あなた』を含めることなのです。「あなたは・・・すべき」（政策メッセージ）「この製品は御社に最適です」（評価メッセージ）のように発信することで、相手は自分の問題として考え始めるわけです。このことの重要性を示すために、次項のケーススタディーをじっくり検討してみてください。

＊ケーススタディー　　　　　　　　　　　　　　　　　資料31、32

ここでは、同じ新薬を売り込むためのセールス・ツールを2種類作ってみました。まず、**資料31**の方を見てください。「はじめに」でセールストークに入るわけですが、まず挨拶があって、「新薬プロバインの特徴」の特徴紹介と、プロバインのよさを「理解」し、「使用」することを願っています。

資料31　論理構築上のポイント……プレゼン①

XY病院御中

新製品のご案内

ABC製薬

はじめに

今回はお時間をいただき誠にありがとうございます。この資料では当社の新薬プロバインの特徴をご紹介します。
ぜひプロバインのよさをご理解頂き、ご使用いただけますようお願い申し上げます。

プロバインとは

プロバインは、循環器系の薬を得意とする当社が、独自の技術に基づいて作り上げた画期的な高血圧治療薬です。
プロバインは、効果の高さ、副作用の少なさ、エビデンスの多さの点で、他の薬より優れています。
価格は他の薬に比べて5％ほど高いのですが、それ以上の価値を提供できる製品です。

資料32　論理構築上のポイント……プレゼン②

XY病院御中

新製品のご案内

ABC製薬

はじめに

今回はお時間をいただき誠にありがとうございます。この資料では当社の新薬プロバインの特徴をご紹介します。
ぜひプロバインのよさをご理解頂き、ご使用いただけますようお願い申し上げます。

ヒアリングの結果

これまで貴院の医師、薬剤師、購買部門の方など10名の方にヒアリングを実施しました。
ヒアリングの結果、降圧剤について、貴院が重視していらっしゃるポイントが
　1　効果の高さ
　2　副作用の少なさ
　3　エビデンスの豊富さ
であることがわかりました。
本日はその3点について、当社の新製品がいかに優れているかをご案内致します。

Ⅱ　説得的プレゼンテーション

当社の実績

降圧剤では50年に及ぶ研究開発
　●A社30年、B社25年
研究開発人員は世界で350名
　●A社200名、B社150名
研究投資は毎年2000億円
　●A社1200億円、B社900億円
シェアは62%

プロバインの優位性

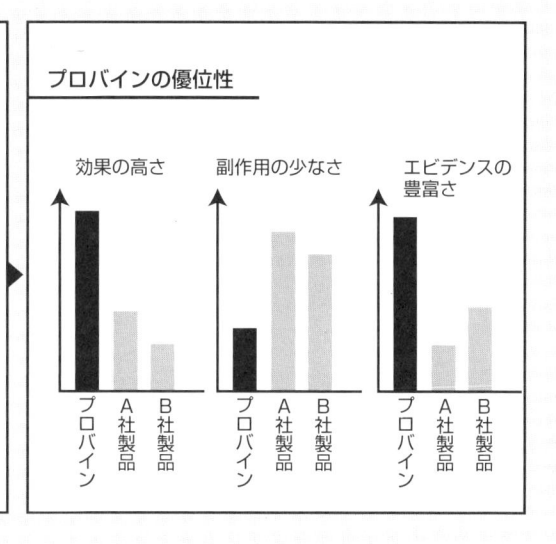

効果の高さ　　副作用の少なさ　　エビデンスの豊富さ

（プロバイン／A社製品／B社製品）

ヒアリング結果

○非常に重要
△やや重要
―関係ない

		医師				薬剤師			購買部門		
		A	B	C	D	E	F	G	H	I	J
薬全般に求めること	価格	△	―	△	―	△	○	△	△	○	△
	効果	○	○	○	○	○	○	○	○	○	○
	副作用	○	○	○	○	○	○	○	○	○	○
	効果の持続性	―	△	―	―	―	―	△	―	―	―
	扱いやすさ	―	―	―	―	―	△	―	―	―	―
降圧剤に求めること	エビデンス	○	○	○	○	○	○	○	○	○	○
	扱いやすさ	△	―	△	―	△	―	△	△	―	△
	開発投資額	―	―	―	―	―	―	―	―	―	―
	効能追加の計画	―	―	△	―	△	△	△	△	―	―

プロバインの優位性

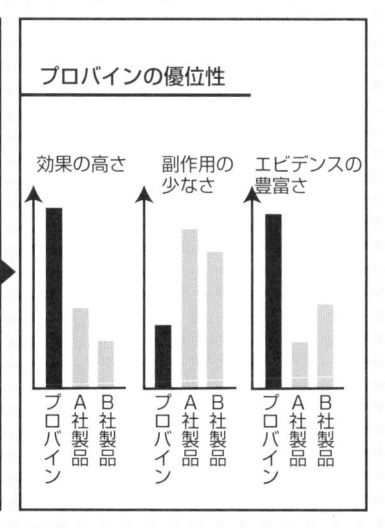

効果の高さ　　副作用の少なさ　　エビデンスの豊富さ

（プロバイン／A社製品／B社製品）

実は、その次からいろいろと興味深い問題点が頻出してきます。

プロバインというのは、「うちの会社が作り上げた高血圧治療薬」で、「効果が高く副作用も少なく、エビデンスも多い」と。価格は少し高いけれども、それ以上に価値を提供できる製品として、自信を持っているという風に、プレゼンテーションは続きます。さらに、「当社の実績」という項目を見ていくと、「非常に研究開発の歴史が長い」「優秀な人材も多い、お金もたくさんかけている」「シェアも高い」「うちは素晴らしい会社です」「しかも今回出したプロバインは他社製品に比べ優位にある」と、自社と自社製品の優位性をうたいあげるタイプのプレゼンテーションです。

結局、このプレゼンテーションの主語は「弊社の製品は」であり「弊社は」なのです。ですから聞き終わったときに残るメッセージは、「おたくの会社の製品はすごいのね」というので、「それで何？」と聞きたくなってしまうわけです。結局「うちは凄いですよ」という話を、相手が聞こうが聞くまいが連呼・宣言しているにすぎないわけです。

では、**資料32**のプレゼンテーション内容はどうでしょうか？　挨拶は一緒です。次のページからコンテンツの構成はまったく異なっています。まず、「ヒアリング」を行った事実を述べ、さらに「ヒアリングの結果」を分析しています。ヒアリングの結果、「降圧剤に関して、貴院（つまり『あなた』ですね）の重視されているポイントが3つあることがわかりました。その3つのポイントについて当社製品がいかに優れているかお話しします」。

プレゼンテーションののっけから、この「場」の主語（主賓）が、『あなた』であることを明示しています。その上で、医師自身、薬剤師、購買担当者のそれぞれに「薬全般や降圧剤に何を求めるか」をリサーチし、重要項目を洗い上げ、3つの重点ポイントに絞っている。これらのすべての行為は、「病院側」つまり『あなた』のニーズを探ることに捧げられています。**資料31**とでは、プレゼンテーションの主役が誰であるか、に対する考え方が180度違っています。「わが社は凄い」という自慢話から、「あなたが求めている薬品はこれです」という本来のセールストークへとメッセージが書き換えら

れているのです。「うちの薬は凄いから買え」と押しつけるのではなく、「あなたにとってどれほどいい薬か」「あなたがほしかった薬」というように、相手に届きやすいメッセージに書き換えられていることが重要です。だから、まずメイン・メッセージの主語に『あなた』を加える、このことをプレゼンテーションの極意として覚えておいてください。

(2) 相手を動かしたいときにはコンプリート・メッセージ　　　資料33

　また、相手（オーディエンス）の心を動かし、行動を引き起こさせるためには、コンプリート・メッセージというコンセプトが大変に重要です。**資料33**にまとめましたが、プレゼンテーションの中に、「WHAT」「WHY」「HOW」の3要件を必ず盛り込むというものです。

　まず、プレゼンテーションでは何かの目的に向けて相手を動かそうとしているわけです。WHATがなければ、相手は何をしてほしいのかがわかりませんので、従って「聞く耳持たず」になってしまいます。

　WHATについて言ったら、相手を動機づけるためにWHY＝「理由」をきちんと述べる。何でそれをやってほしいのか、「あなた」がやらなければいけないわけ、「あなた」がなぜそうするべきなのか、すでに学んできた論理構築の方法を駆使して、理由を述べ、説得にかかるわけです。

　最後に、具体的にどうしたらいいかがわからないと、人間は動くことができません。だから、HOWについて述べなければなりません。このコンプリート・メッセージで迫る手法を、絶えず意識している必要があります。

　先ほどの政策メッセージの説明のところで、「必然性」「効用」「実現可能性」という話をしました。実は、政策メッセージの構成要素とその組み立て方は、コンプリート・メッセージそのものなのです。あなたは「痩せるべきです」、これがWHATです。「痩せないと大変なことになる」「でも痩せればよいことが待っている」、この2つの組み合わせが動機づけの部分でWHYになります。そして、「こうすればやせられます」がHOWになります。ですから、実は政策メッセージの組み方というのはまさにコンプリート・メ

ッセージになっているわけです。コンプリート・メッセージになっているかどうか、それを検証しておけば、プレゼンテーションの骨格は強固で効果的なものになると言えるでしょう。

　筆者は、どちらかというと依頼先の社員の方と一緒に、その会社の戦略を立てていく研修をすることが多いのですが、戦略を立てるには前提として何を目標にするかという議論が不可欠です。ところが、目標は明確なもののWHYが伴っていない企業が多いのには驚いています。「今みなさんの会社が目指しているのはどういうことですか？」「当社は数値目標が与えられています」「ちなみにどのような目標ですか？」「3年後に売上を6000億円にすることです」「なぜ、5000億円でもなく、7000億円でもなく6000億円なのですか？」「えっ、そんなこと聞かれても困り

資料33　論理構築上のポイント……コンプリートメッセージ

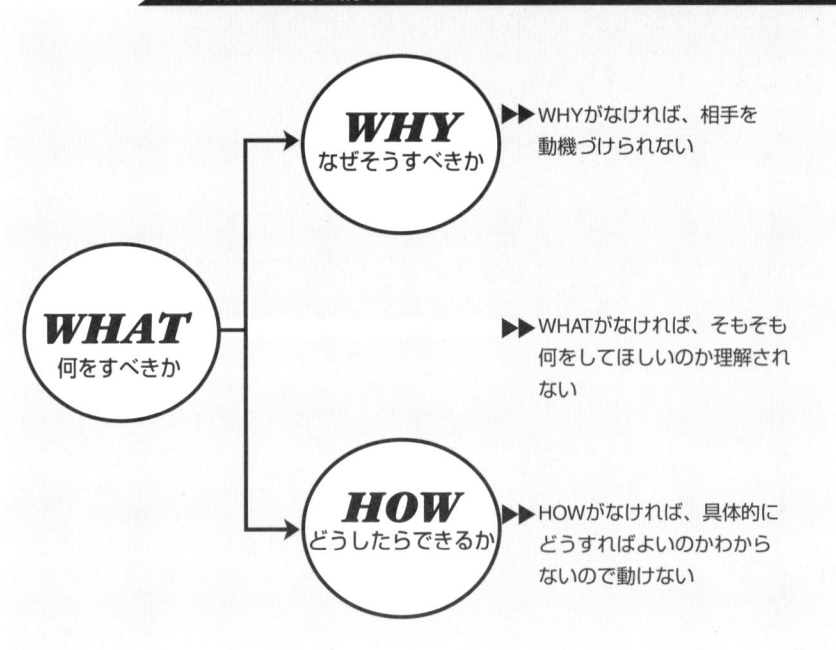

WHAT
何をすべきか

WHY
なぜそうすべきか
▶▶WHYがなければ、相手を動機づけられない

▶▶WHATがなければ、そもそも何をしてほしいのか理解されない

HOW
どうしたらできるか
▶▶HOWがなければ、具体的にどうすればよいのかわからないので動けない

ます」こういう企業に限って、管理職の役割は数字の振り分けです。役員はA事業部長に2000億円、B事業部長に2000億円……A事業部長は、X部長に500億円、Y部長に500億円………、というようにただ数字が理由なく分割されていくのです。理由がよくわからないと人間は動機づけを得られず行動できないのではないでしょうか。

II-2-3 STEP 3 根拠の証明

◎……論理展開により不足データを特定する／
　試行錯誤〜整理〜データ追加

　ここで論点の整理、再検討をしたいと思います。これまで、「自分の言いたいこと（メインメッセージ）を明確に」してください、「それを支えるためにいろいろな方法で論理のピラミッドを展開・構築」してください、ということを申し上げてきました。ピラミッドを上から下に展開していくことがあたかも定石のような説明をしてきました。

　しかし、実際は「上から下へ」と同時に「下から上へ」と統合する形で考えていたり、横から、斜めから論理の組み立てを眺め回しているような作業があります。

　筆者の経験では、キーメッセージというのは、なんらかの分析を相当時間行った結果、「今回、聞き手にはこれを訴えてみよう」という形で絞り出されるものです。事実を集め、分析を加え、意味合いを抽出し考え抜いた結果出てくるのがキーメッセージであり、いきなりポンとキーメッセージが飛び出してくるなんてことはあり得ないかと思います。

　考え抜くという作業の過程では、論理構成の修正作業も必要になります。あらかじめ入手したデータによってピラミッドを下から上へと論理を構築してキーメッセージにたどり着いたものの、もう一度キーメッセージを出発点にして、ピラミッドを上から下へと作ってみたら、論理に穴があることがわかり、データを集め直してよりきれいなピラミッドに仕上げていくというプロセスが実際には加わります。論理構築のプロセスをシビアに検討していくと、データが足りないことを発見したり、肝心のデータだけ抜け落ちている

ことに気づいたりします。こういう場合には、追加でデータを取る、論理を組み直す、という作業を面倒がらずにしっかり行う、ということを肝に銘じておいてください。

◆演習：断片的な情報からメインメッセージを抽出する　　　　　資料34
＊戦略転換の検討

　資料34をご覧ください。低価格パッケージツアーを武器に、業績を伸ばしてきたある旅行代理店が最近業績不振に陥り、戦略の見直しをせざるを得ない状況になっているとお考えください。戦略を立案するときには情報を収集し事実に基づいて考えることが重要ですので、情報を集めたら9つの情報が見つかった、という前提です。これらの情報から、この会社の打ち出すべき戦略は何であると考えますか？

　この例のように情報の数が少ない場合、それらを眺めて結論を導くことは不可能ではないかも知れません。しかし、実際の戦略策定の場面では、たくさんの情報が集まるのが普通です。そのような時には集まった情報を仲間分けすることが行われます。

　仲間分けの方法にはいろいろなやり方がありますが、戦略を考えるときによく使われるのは、情報を顧客（customer）、競合（competitor）、自社（company）の3つに分ける方法で、3Cと呼ばれます。なぜ戦略を考えるときに3Cを用いるのかというと、それは戦略を考えるにあたってビジネスにおける登場人物がこの3つのCだからです。もちろん、たくさんの情報からいきなり結論を抽出できる人もいるでしょうが、私を含め普通の人であれば、分類してから考える方がわかりやすいと思います。

　1～9のうち顧客について述べたものが何番で、競合や自社について述べたものが何番かわかりますか？　9つの事実を3Cで分けて、それぞれから何が言えるかメッセージを抽出してピラミッド状に整理したのが、**資料35**です。ここに示されたメインメッセージは、どうやら「低価格のパッケージツアー」はやめて、「特徴のある商品」を出していかなければいけない、とい

資料34　ケーススタディー

Q あなたは旅行代理店の経営企画室長で会社の方向性についてどうすべきか悩んでいます。以下の事実から何を結論として導きますか？

❶ 最近5年間、海外渡航者の総数は微増に止まっているにもかかわらず、旅行者が参加したツアーの種類は3倍以上に増えた

❷ 欧州旅行社は、朝昼晩グルメを楽しめるイタリア＝フランスツアーを企画し、独身OLに爆発的な人気を呼んでいる

❸ 当社は、ホテルとの年間大量購入契約と格安航空チケットを武器に低価格のツアーを投入した

❹ 海外旅行の主流であった低価格ツアーの人気は低迷しており、消費者の嗜好は多様な商品に分散している

❺ 当社が今年投入した一連の低価格パッケージツアーの売上は伸びていない

❻ シルバーツアー社は、高齢者向けに、観光ポイントを絞り込んだゆったりとした日程のツアーを投入し、顧客数を大幅に伸ばした

❼ かつてツアーの購買要因の1位にあった「価格の低さ」は5位となり、代わりに「食事、宿泊施設の豪華さ」「オプショナルツアーの豊富さ」「日程のゆとり」などが上位を占めている

❽ 当社のツアーに参加した人に対するCS調査では、当社の商品はほとんどの項目でほぼ平均値という評価であった

❾ クオリティツーリスト社が最近投入した、ビジネスクラスと5つ星利用を標準とした高額ツアーは、大都市圏でシェアを伸ばした

うことのようです。さて、ここで変な質問をします。このメッセージは論理的に導かれた「結論」であると言えるでしょうか。資料11で、論理的であるための3つの条件を述べました。第1条件は「ピラミッド構造を持っていること」。これは満たされています。また、第3条件の「ピラミッドの最底辺は事実であること」。これも満たされています。問題は第2条件です。「結論を支える根拠にモレやダブリがないこと」という条件は果たして満たされているでしょうか。**資料35**の□で囲んだ部分が第2条件を満たしていない

II 説得的プレゼンテーション

資料35　9つの事実のピラミッド

```
                    当社は低価格路線を
                    捨て、特徴のある商
                    品で勝負すべき
                         ↑
        ┌────────────────┼────────────────┐
        ↑                ↑                ↑
   消費者は価格の低さに  競合他社は、特定のセ  当社は低価格主体で消
   はこだわらず、多様な  グメントにターゲット  費者からあまり支持さ
   商品を購入するように  を絞り、特徴のある商  れていない
   なった               品を投入して成功して
                        いる
        ↑                ↑                ↑
```

限られた情報から導かれた命題は「結論」というにはまだ早く「仮説」にすぎない。（＝間違っている可能性がある。たとえば、競合について3社の事例を示しているが、それで結論を導いて本当によいのか疑問が残る）

この仮説が本当に成り立つのかを検証する必要がある

❶ 最近5年間、海外渡航者の総数は微増に止まっているにもかかわらず、旅行者が参加したツアーの種類は3倍以上に増えた

❹ 海外旅行の主流であった低価格ツアーの人気は低迷しており、消費者の嗜好は多様な商品に分散している

❼ かつてツアーの購買要因の1位にあった「価格の低さ」は5位となり、代わりに「食事、宿泊施設の豪華さ」「オプショナルツアーの豊富さ」「日程のゆとり」などが上位を占めている

❷ 欧州旅行社は、朝昼晩グルメを楽しめるイタリア＝フランスツアーを企画し、独身 OL に爆発的な人気を呼んでいる

❻ シルバーツアー社は、高齢者向けに、観光ポイントを絞り込んだゆったりとした日程のツアーを投入し、顧客数を大幅に伸ばした

❾ クオリティツーリスト社が最近投入した、ビジネスクラスとホテルの5つ星利用を標準とした高額ツアーは、大都市圏でシェアを伸ばした

❸ 当社は、ホテルとの年間大量購入契約と格安航空チケットを武器に低価格のツアーを投入した

❺ 当社が今年投入した一連の低価格パッケージツアーの売上は伸びていない

❽ 当社のツアーに参加した人に対する CS 調査では、当社の商品はほとんどの項目でほぼ平均値という評価であった

顧客　　　　　　　　競合　　　　　　　　自社

可能性があることに気づきましたか？　これは、あくまでも架空のケースですが、旅行代理店が自社のほかに3社あるだけ、というのは少し現実離れしています。旅行代理店は中小の業者も入れれば相当数存在するはずです。中には低価格でうまくいっている企業もあるかも知れません。たった3社だけを選んで、競合はターゲットを絞り込んで特徴のある商品を投入して成功している、と結論づけていますが、低価格で成功している業者が存在する可能性がある以上、低価格路線はだめだ、やめてしまえ、とは中々言い切れないのではないでしょうか。

　このように、限られた情報から抽出されたメッセージは間違っている可能性も十分にあり、「結論」と言い切ってしまうのは気が早すぎます。このようなメッセージは通常「仮説」と呼ばれます。そして仮説は仮の結論ですから、仮説が正しいかどうかを検証してみることが求められます。そこで、1番上にある「仮説」を出発点にして、もう1度論理ピラミッドを組み直してみましょう。組み直したピラミッドが次のページです。

　さて、「低価格商品をやめて特徴のある商品を投入すべきだ」というメッセージを掲げようと思ったら、どういうことが言えないといけないでしょうか？　これは、4タイプに分類したメッセージの中では、政策メッセージにあたります。従って、このメッセージを支えるためには基本的には3つのサブ・メッセージが必要です。①「低価格路線から脱却する必然性がある」②「特徴のある商品を出すことでよいことがある」③「また、低価格から特徴ある商品へという戦略転換は可能である」といった証明すべきサブメッセージ群が浮かび上がってきます。仮にこの企業の業績が低迷していて、利益を上げることが至上命題になっているのであれば、さらに①は「低価格路線のままでは利益が上がらない（悪化する）」②は「特徴のある商品を出すことで利益が上がる」に書き換えられる必要があります。

　さて①～③のそれぞれのメッセージは、さらにどのようなメッセージで支えられる必要があるでしょうか。

◎……メッセージの分解に有用な2つの手法

　演繹や推測のいろいろなパターンを紹介しましたが、筆者がメッセージを分解するときに使うのは、基本的には推測で紹介した帰納法におけるMECEという切り口と、因果関係による推測で使った変数に分解する方法の二つです。これは非常によく使います。

　①の「低価格路線のままでは利益が上がらない」というのはどのようなサブメッセージで支えればよいでしょうか。たとえば以下のように考えます。この旅行代理店には何らかの戦略があって低価格商品を出してきた。それが利益につながらないということは、戦略が間違っているわけです。それでは戦略はどのような要素に分解できるか。「戦略」とはもともと戦争から出てきた言葉です。戦争では自国と敵国が主たる登場人物ですが、ビジネスの世界ではどうでしょうか。自国に代わる物が自社（Company）、敵国に代わる物が競合他社（Competitor）です。しかしビジネスではもう一人重要な登場人物がいます。それは顧客（Customer）です。すでにご説明した通り、この3つの要素が重要なので、戦略を考えるときには3C分析などと呼んで、この3つを分析します。登場人物という切り口でMECEに分けているのです。

　そこで、先ほどのメッセージを3Cに分解して論理を構築します。顧客について一言で表現したときに、どういうことが言えれば低価格路線はダメだと言い切れるかを考えます。一言で表現することが重要です。同様に競合や自社についても考えます。そうすると、（1-1）顧客が低価格ツアーを求めていない。（1-2）競合の中には低価格で利益を上げている企業もない。（1-3）自社が低価格を追求しても利益改善の見通しが立たない。ということを言えば低価格路線はまずいと考えるでしょう。

　どうでしょうか。（1-1）〜（1-3）が仮にデータで証明されてしまったら、それでも低価格を続けようという気持ちにはならないと思います。低価格をやめる必然性があることを述べるわけですから、このくらいきついメッセージ群が必要です。逆にこれらがことごとく証明できなかったりすると必然性が崩れることもご理解いただけると思います。顧客の中には低価格を求

めている人たちが一定数以上いるとか、競合の中には低価格で儲けている企業が少ないながらも存在するとか、大胆なリストラに取り組めば低価格のままでも利益は出せる、などということになったら、もはや、低価格をやめる必然性はありません。

①のメッセージを変数で分解するとどうなるでしょうか。利益＝数量ベースでの市場の大きさ×自社の数量ベースでのシェア×1単位当たりの利益額で決まります。

低価格商品では儲からないことを言うのであれば、低価格商品の市場は小さい、小さくなる、低価格市場で当社はシェアを取れない、（自明かも知れませんが）低価格商品では1単位当たりの利益が小さい、ということを証明

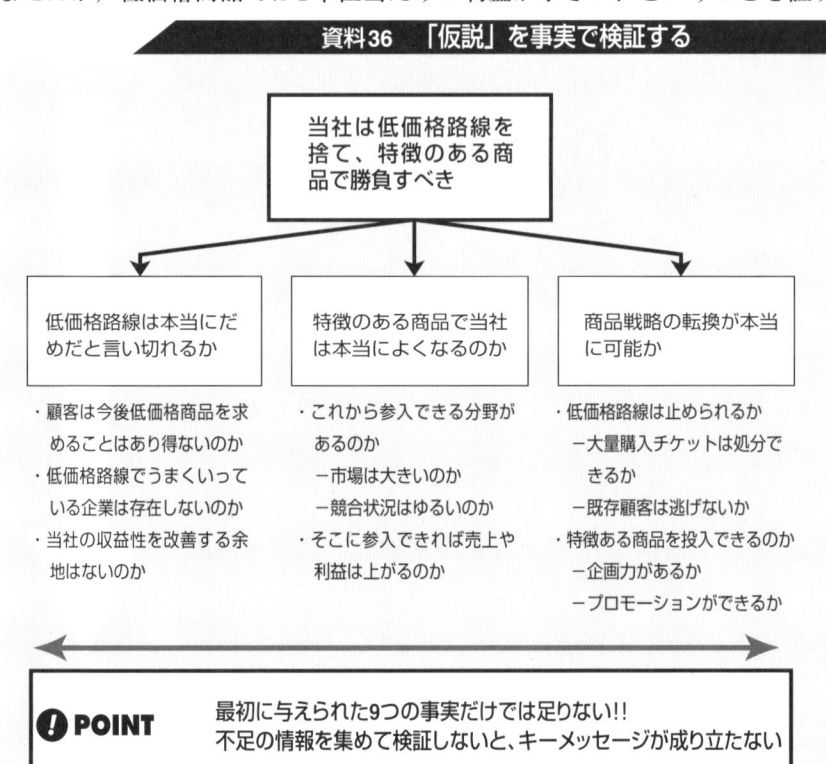

資料36 「仮説」を事実で検証する

```
          当社は低価格路線を
          捨て、特徴のある商
          品で勝負すべき
```

| 低価格路線は本当にだめだと言い切れるか | 特徴のある商品で当社は本当によくなるのか | 商品戦略の転換が本当に可能か |

- ・顧客は今後低価格商品を求めることはあり得ないのか
- ・低価格路線でうまくいっている企業は存在しないのか
- ・当社の収益性を改善する余地はないのか

- ・これから参入できる分野があるのか
  - 市場は大きいのか
  - 競合状況はゆるいのか
- ・そこに参入できれば売上や利益は上がるのか

- ・低価格路線は止められるか
  - 大量購入チケットは処分できるか
  - 既存顧客は逃げないか
- ・特徴ある商品を投入できるのか
  - 企画力があるか
  - プロモーションができるか

❶ POINT
最初に与えられた9つの事実だけでは足りない!!
不足の情報を集めて検証しないと、キーメッセージが成り立たない

するわけです**（資料36）**。

　MECEに分けて根拠を示す際に、もともとMECEという考えに基づいて作られた既存のフレームワークを用いるという手もあります。たとえば、マーケティングを考える際に4Pという切り口が用いられます。これはProduct, Price, Place, Promotionの4つで、マーケティングを考える際にこの4つを考えておけばモレなく考えられるということで、昔から使われています。たとえば、「当社の新製品は売れていない、なぜなら製品そのものがニーズに合っていなかった（Product）、価格も高すぎた（Price）、販売チャネルも適切でなかった（Place）、広告宣伝も不十分であった（Promotion）と言われると、もう反論のしようがなくなるというわけです。この他代表的なフレームワークに5Fや7S、ビジネスシステムといったフレームワークがありますが、詳しくは戦略などの本をお読みください。

　　コンサルタントはMECEに分解することと、変数に分解する頭の使い方を頻繁に用います。あることをMECEに分解する過程で全体がどのような部分から構成されているかを把握し、全体を左右する大きな要素がどれであるかなどを見ます。また、あることを変数に分解することで因果関係を押さえ、本質的なことは何かを考えたりするわけです。たとえば、クライアント企業の社長が「CS（顧客満足）をもっと上げたいのだがどうしたらよいのだろう」というようなことを言うと、この会社のCSは何で決まるのか、というように主たる変数に分解し、またそれぞれの変数が何で決まるかを考え始めます。そうして、どの変数を変えるとCSが大きく変化するかを考えるわけです。

＊データの再収集

　さて、低価格路線をやめるべきであることを納得させようと思うと、低価格路線では儲からないことを主張する必要があり、そのためには（1－1）〜（1－3）を証明しなければならないわけです。

また、「特徴ある商品を出すことで利益が上がる」ことについても同様に(2-1)特徴ある商品を求めている顧客が存在し、(2-2)その顧客を競合をさしおいてつかむ事ができ、(2-3)参入したあかつきには利益が出ることを検証しなければなりません。

また商品戦略が本当に転換可能なのかということに関しても、たとえば(3-1)本当に低価格路線をやめられるのか、(3-2)本当に特徴ある商品を開発・投入できるのか、などの点について詳細に検討が加えられなければなりません。

このように見てくると、実は最初に与えられた9つのデータをいくらきちんとチャートにしてみても、一番上のキーメッセージを支えるには不十分で、むしろ違った視点からの新たなデータ群がないと、自分の言いたいことが論理的に支えられない、という事実がはっきりしてくるわけです。

そういう場合には、ピラミッドの一番下のデータをもう1回洗い直して、足りない部分を集めてくる作業が必要です。最初に情報を収集し分析した結果に基づき、キーメッセージを導いた。しかし、論理を分解し直してみると、どうも何かが足りない。論理が説得力を欠いている。こういうときには、足りないデータを特定し、情報を再収集することが必要になるのです。

◎……的確な証明

結局、ピラミッドの底辺が結論（キーメッセージ）を支える根本であり、この部分がいい加減だとせっかく組み上げたロジックが崩れることになる、ということを繰り返し強調しているわけですが、ここで**資料37**を見てください。

たとえば、新規事業に取り組むことを社内で訴えるために、「市場が今後非常に伸びる」ということをどうしても主張したくて、このようなデータを示す人がいます。

グラフに見るように、この市場は過去急激に伸びてきています。残念なが

ら、人間の脳はパターン認識という高度な能力を持っているので、このようなグラフを見ると「今後も増えそうだなあ」という気持ちを引き起こします。論理的でない人は、「なるほど有望な市場だ」などと思い込んでしまうわけです。このチャートのグラフと、その上に書かれた1行のメッセージとは実はまったく対応していないことがわかりますか？　折角論理的にピラミッドを構築してもその最底辺部の証明で過ちを犯すと、すべてが水泡に帰することになります。

　ところが、このたった1行のメッセージを正確に証明するのが実は想像以上に難しいのです。それをお話しします。

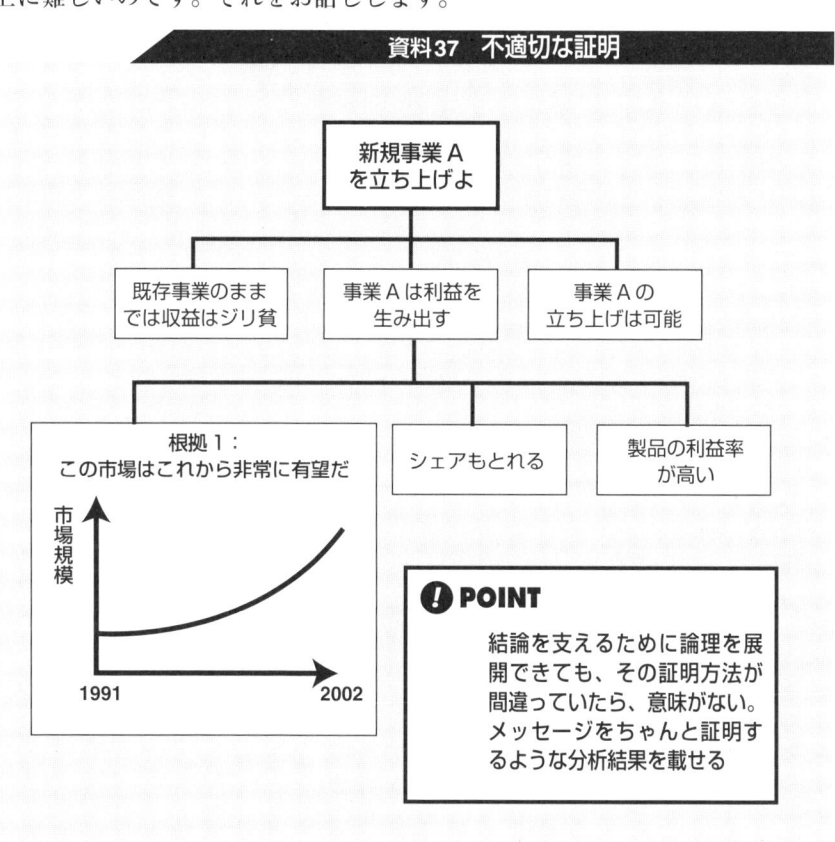

資料37　不適切な証明

```
          新規事業A
          を立ち上げよ
    ┌─────────┼─────────┐
既存事業のまま  事業Aは利益を  事業Aの
では収益はジリ貧  生み出す      立ち上げは可能
    │
根拠1：          シェアもとれる  製品の利益率
この市場はこれから非常に有望だ            が高い
```

市場規模のグラフ（1991〜2002年、右肩上がり）

❗POINT
結論を支えるために論理を展開できても、その証明方法が間違っていたら、意味がない。メッセージをちゃんと証明するような分析結果を載せる

資料38　ダミーチャートを作ろう

これから2〜3年、低価格ツアーの市場は縮小すると考えられる

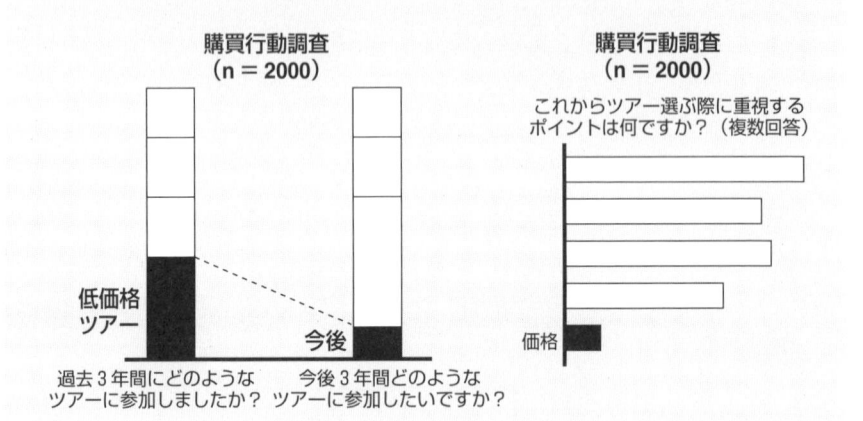

購買行動調査
（n = 2000）

低価格ツアー

過去3年間にどのような
ツアーに参加しましたか？

今後

今後3年間どのような
ツアーに参加したいですか？

購買行動調査
（n = 2000）

これからツアー選ぶ際に重視する
ポイントは何ですか？（複数回答）

価格

規模も大きく、競合状況もゆるやかなセグメントが存在する

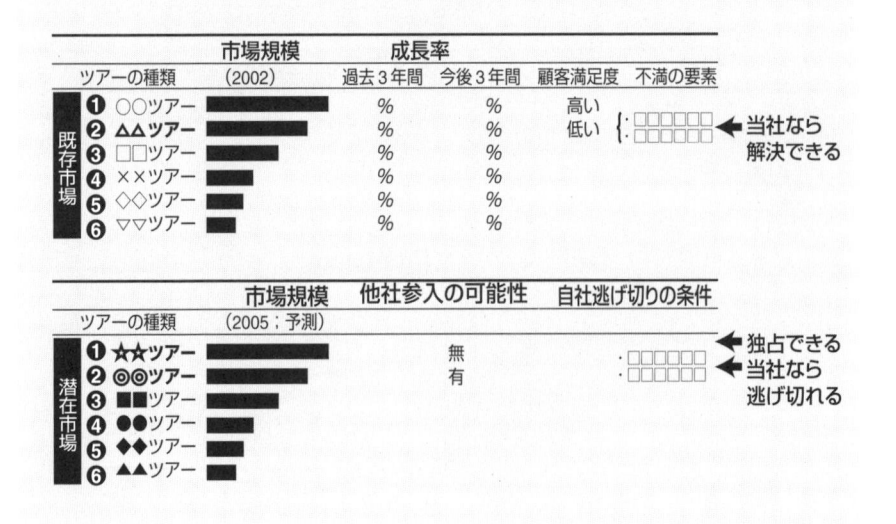

	ツアーの種類	市場規模 (2002)	成長率 過去3年間	今後3年間	顧客満足度	不満の要素	
既存市場	❶ ○○ツアー		%	%	高い		
	❷ △△ツアー		%	%	低い	⬜⬜⬜⬜⬜ ⬜⬜⬜⬜⬜	← 当社なら 解決できる
	❸ □□ツアー		%	%			
	❹ ××ツアー		%	%			
	❺ ◇◇ツアー		%	%			
	❻ ▽▽ツアー		%	%			

	ツアーの種類	市場規模 (2005；予測)	他社参入の可能性	自社逃げ切りの条件	
潜在市場	❶ ☆☆ツアー		無	⬜⬜⬜⬜⬜	← 独占できる
	❷ ◎◎ツアー		有	⬜⬜⬜⬜⬜	← 当社なら 逃げ切れる
	❸ ■■ツアー				
	❹ ●●ツアー				
	❺ ◆◆ツアー				
	❻ ▲▲ツアー				

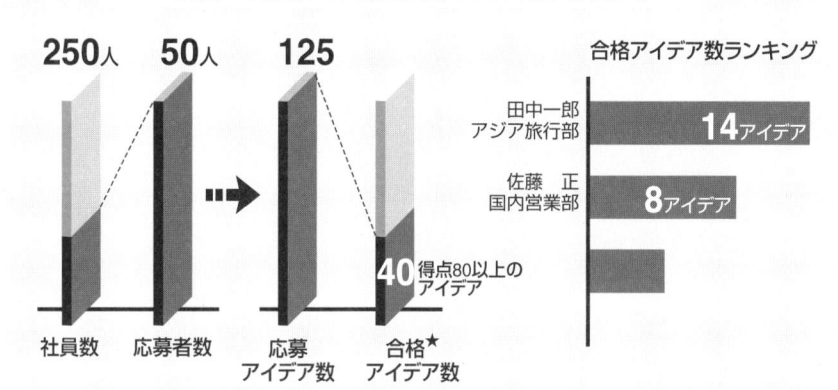

当社にも特徴ある商品を企画できる人材が存在する

250人 **50人** **125**

合格アイデア数ランキング

田中一郎 アジア旅行部　**14**アイデア
佐藤　正 国内営業部　**8**アイデア

40 得点80以上のアイデア

社員数　応募者数　応募アイデア数　合格★アイデア数

★消費者の方に、アイデアの新規性、内容vs価格の妥当性、参加したいと思うかなどの観点から評価して頂き、100点満点で評価してもらった

◎……追加データの収集：演習問題

　前項を読んだ上で、先ほどのツアー企画の演習に戻ってみましょう。演習の最後に、もし、特徴ある新商品を投入することを提案したいなら、再度、必要なデータを集め直し、論理を組み直すことが重要だと申し上げました。この場合、以下に列挙するような3つの命題を証明する必要が出てきます。

①今後、低価格ツアーの市場は縮小すると考えられる。
②規模が大きく、競合状態もゆるいセグメントが存在する
③自社には特徴ある商品を企画できる人材が存在する

　これらの3メッセージは、「低価格をやめて特徴のあるものを作りましょう」というプレゼンテーションを行う限り、どうしても証明しなければなりません。そのためにはどういうデータを集めればよいでしょう？　一応、回答例を用意してみました（**資料38**）。あなたなら、どういう資料を集め、それをどのようなチャートに作り上げるか、よく考えてみてください。回答例のように、数字はいい加減ですが、こういうイメージのものを作りたいと、

予め描くチャートをダミーチャートと呼びます。こういう分析結果が得られれば、メッセージを支えることができるぞ、と思いながら描きます。このようなダミーチャートを描いておくのは非常に意味があります。なぜならば、どのような情報を集めてどのような分析をすべきか自ずと明らかになるからです。目的もなくデータをひたすら集める人がいます。集めておけば、何か見えてくるのではないかと期待して集めても、意味のある分析が生まれることはありません。むしろ、こういうメッセージが言いたい、ということからデータを特定していくことが重要です。

何度も繰り返しますが、あなたが言いたいこと＝キー・メッセージを論理的にサブメッセージ群に分解し、各サブメッセージを証明するのにまだ不足している要素、集まっていないデータがあるようだったら、その集積を図り、データの分析手法を考え出し、プレゼンテーションに盛り込むのです。こうして、ようやくピラミッド構造の穴が全部埋まり、ピラミッドの最下層部を構成するメッセージ群の1つひとつをサポートするだけの証拠が揃ったことになります。ここで、初めてビジュアル作りの準備段階に入れる、ということなのです。しかし、その前にすべきことがあります。それは、キーメッセージを支えるたくさんのメッセージ群の1つひとつをどういう順番で展開していくのかというストーリーの設計です。

ストーリーの設計に入る前に注意していただきたいのは、メッセージを証明しようと思ってデータを収集して分析してみたら、用意していたメッセージがまったく成り立たなかったことが証明されたような場合、仮説としていたキーメッセージは成り立ちませんので、仮説を放棄する、あるいは変更するということを必ず励行してください。論理ピラミッドができ上がるとどうしてもそれに固執したくなるのが人情ですが、固執する余り、自分に都合のよいようにデータを加工したり捏造したりしないようにお願いします。仮説を捨てる潔さは極めて重要です。

さて、論理ピラミッドを構築する上で、便宜上キーメッセージから始まっ

て下へ、下へと論理を構築すると言ってきましたが、この章の説明でもおわかりいただけたように、実際には頭の中で下から上、上から下が交錯しながらピラミッドは完成度を高めていくことになります。

コンサルティング会社ではクライアントに「御社は○○すべきだ」ということを伝える際に、まさにこのような分解をしながら詳細に検討します。たとえば、ある会社に「新規事業に取り組むべき」ということを説得するのであれば、既存の事業だけではだめだ（新しいことに取り組むことの必然性の証明）、ということを納得させる必要があります。そうすると、今の事業構成でこのまま事業展開をしていったときにどのような売上、利益の推移となるのか、それは株主はじめ利害関係者にとって魅力的な数字と言えるのかなどを検証する必要が生じます。このように、相手に伝えるべきメッセージを出発点にして、それを納得させるには何を言えばよいのか論理的に分解し、ピラミッドの最底辺部を構成するメッセージを特定して、その証明方法を考え検証する作業を、イシュー・アナリシスなどとよびます。分解して詳細に考えることで、その戦略をとるときに何が課題になるか特定するのです。新規事業の実現可能性の検討をした結果、その事業を経営する人材が社内にはいない、そういう人があれば実現可能だが、いなければ実現できない、ということがわかれば、適切な人物をいかに探すかがイシュー＝「課題」として明確になるというわけです。

II-2-4 STEP 4 『ストーリー』の設計
2つの側面／「スポット」を当て＆「流れ」を作る

◎……論理を組んだら立ち止まる

＊重点配分：もう一度強調すべきテーマを確認する

　メインメッセージの種類（事実・評価・政策）に応じて、どのように論理を構築するかというテーマについて、前章までに述べました。プレゼンテーションの場において、組み上げた論理を展開する場合にはストーリーが必要だという点についても触れました。しかし、現実に論旨を展開する段になって、論理のピラミッドの頂上からすべて語り下ろせばいいかというと、ことはそれほど単純ではないのです。

　論理が組み上がったと思ったら、いったんそこで立ち止まってください。そして、論旨のどの部分にスポットライトを当てるのか、あるいは論理のピラミッドをどういう順番で話していくのか、再確認することが重要です。この作業を称して「ストーリーの設計」と呼びます。ストーリー設計には、2つの側面があります。

　まずひとつは、どこにスポットを当てるのかという「重みの配分」です。"強調すべき話題"とは何なのかを、再確認します。というのは、自分が言いたい内容をキーメッセージとしてピラミッドの一番上に置き、演繹や推測の各パターンを使いながら論理を組んでいくと、どうしても"網羅的"になってしまいます。

　もともと「抜け」や「モレ」がないように組むのが論理ですから、でき上がった論理構造は、通常極めて網羅的な性格を持ちます。しかし全部話すことがオーディエンスに喜ばれるとは限りません。

　そこで「スポットの当て方」の例として**資料39**を見てください。これは

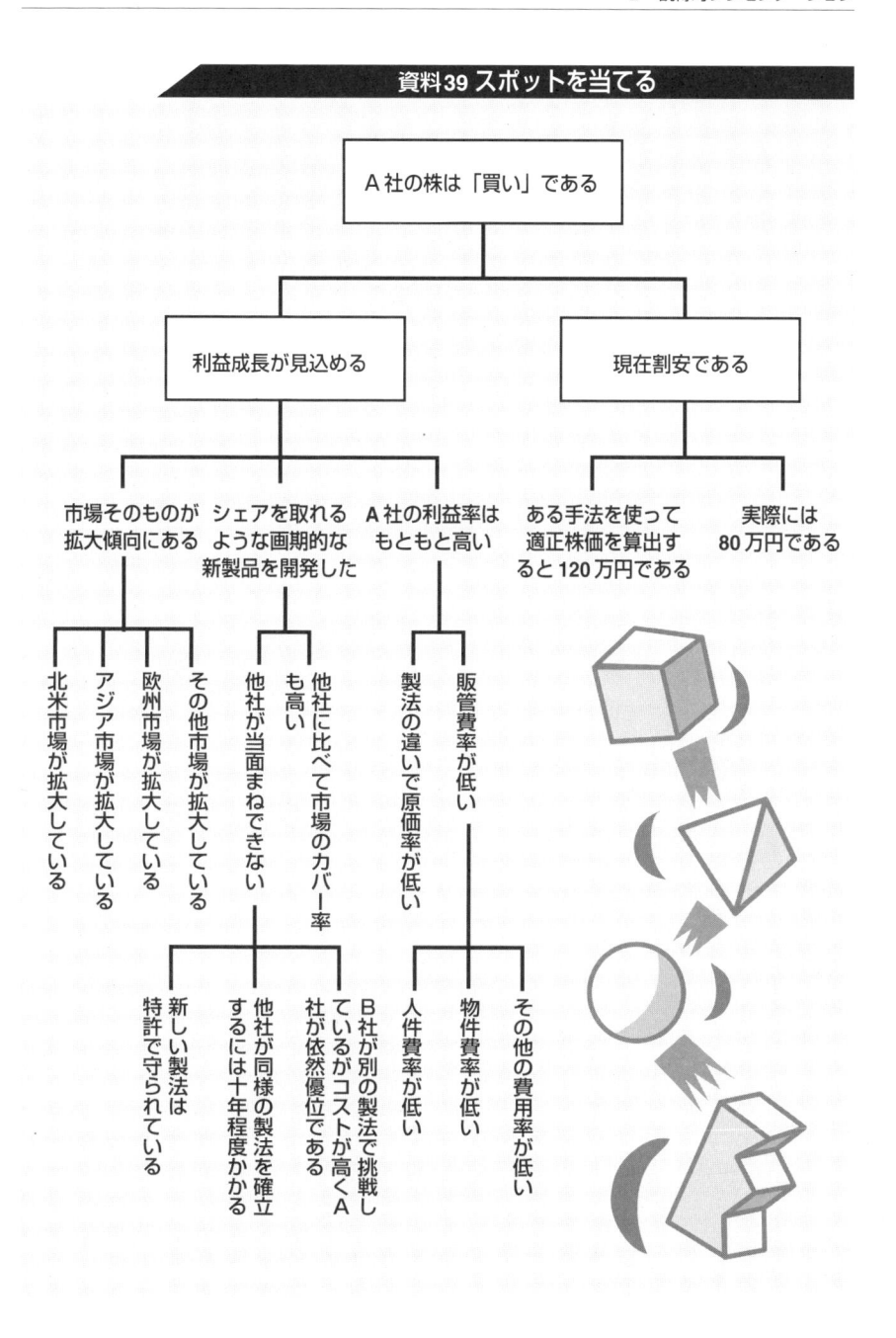

資料39 スポットを当てる

```
                    A社の株は「買い」である
                    ┌──────────┴──────────┐
              利益成長が見込める            現在割安である
         ┌────────┬────────┐         ┌────────┴────────┐
    市場そのものが  シェアを取れる  A社の利益率は   ある手法を使って   実際には
    拡大傾向にある  ような画期的な  もともと高い   適正株価を算出す   80万円である
                   新製品を開発した              ると120万円である
```

- 北米市場が拡大している
- アジア市場が拡大している
- 欧州市場が拡大している
- その他市場が拡大している
- 他社が当面まねできない
  - 他社に比べて市場のカバー率も高い
  - 新しい製法は特許で守られている
  - 他社が同様の製法を確立するには十年程度かかる
  - B社が別の製法で挑戦しているがコストが高くA社が依然優位である
- 販管費率が低い
- 製法の違いで原価率が低い
  - 人件費率が低い
  - 物件費率が低い
  - その他の費用率が低い

機関投資家に対して株式を推奨する人たち、いわゆるアナリストと呼ばれる人たちを対象にした研修で用いられたケーススタディです。テーマは「たとえばＡ社の株が『買い』だということを相手に伝えるとき、どういうロジックを組みますか？」というものです。「Ａ社の株が『買い』である」と推奨するロジックは、まさしく「評価命題」にほかなりません。

◎……言葉の定義

では、『買い』だということの定義は何でしょうか？ アナリストの方々によれば、それは、まずＡ社自体の利益成長が見込めるということだそうです。つまりどれだけ利益が増加するかで株価がどれだけ上がるかということが左右されるので、まず利益成長が見込まれることが、『買い』のひとつの定義です。

しかし、Ａ社の株価がすでに高止まりしていて割高感があったりすると、それは『買い』だとは言えません。いくらＡ社の利益成長が見込めるといっても、株価がすでにそれを織り込み済みの状態であれば、『買い』と推奨するわけにはいきません。つまり、「利益成長が見込める」ということに加え、「割安」でなければならない。結局、『買い』というのは利益成長を見込めて、かつ割安であることを指すそうです。

そこで、次に利益成長を見込める、あるいは割安である、ということを説得する際に、どのように論理を組めばいいでしょうか？ すでに何度も出てきている通り「利益」というのは、市場にどれだけＡ社製品が出回ってシェアをとり、１単位を売るとどれだけ利益があがるか、という話です。つまり、「市場」×「シェア」×「利益率」から総利益を割り出すことができます。

すると、利益成長が見込めるということは、たとえば①「Ａ社事業の市場そのものが拡大している」、②「シェアを高められる画期的な新製品を開発した」、③「Ａ社製品の利益率が上昇する見込みである」というような事実

が証明される必要があります。

では、市場そのものが拡大傾向にあることをどう証明するのか。たとえば地域別に分けて、「北米市場が拡大中」、「アジア市場も拡大中」「ヨーロッパ市場が拡大しそうだ」「その他の市場も拡大しつつある」というように、MECEに事実を集積すればよいでしょう。

「シェアを高められる画期的な新製品」であることの証明はどうか。たとえば、「他社が当面技術的に真似できそうにない」「市場占有率が圧倒的に高く他社が参入をあきらめている」というような事実を指摘できれば、証明は成功します。さらに、どうして「他社に真似ができないのか」と突っ込まれた場合には、「新製法が特許で守られている」「他社が同様の製法を確立するにはあと10年かかる」「別の製法で開発すると高コストで競争力がない」、たとえばこのような根拠を示すことができれば、新製品の画期的な性格を完全に証明し切ることができるわけです。

一方、A社の利益率が上昇する見込みである、ということはどう証明するか。これは、売上－原価－販管費＝利益ですから、原価率が下がりそうだ、販管費率も下がる見込みだという事実が導き出されればいいわけです。では、販管費率が低いというのはどういうことかというと、人件費、物件費、その他費用が下がるという事です。

このように論理を抜けもモレもないように組み上げていくと、枚挙する要素が増え続け収拾がつかなくなる恐れがあります。ここまで細かい話に落とし込んでしまうと、A社株を買おうと思っていた人も混乱する。ひょっとすると、A社の株を買おうか買うまいか考えている人にとっては、市場の話はチェック済みであったり、利益率が高いことも既知の事実かもしれない。それならば、今回のプレゼンテーションの中では「画期的新製品の開発」という一点を強調しよう、というように重みづけを考えていただきたいのです。

いま論じて見せたように、全部の事柄を網羅的に採り上げたからといって、相手に伝わるかというと、メッセージが多すぎてかえって、そもそも何が言

いたかったのか伝わらないこともあります。そんな場合には、メインテーマを絞る。「画期的新製品の開発」をメインテーマに据えて、あとのことは軽く触れるにとどめておくわけです。たとえば、「市場そのものが拡大傾向にある」ことを示すチャートも、北米、アジア、欧州、その他について1枚ずつ作る必要はない。市場の拡大傾向を示すチャートを一枚ですっきりまとめるように工夫する、といったことが大切になります。

「利益成長を見込める根拠」として、上記①②③を並べ立てることはなんら間違いではないのですが、相手が①や③についてあらかじめ知識を持っている場合で、しかも相手にとって②の情報内容だけに関心があるようなときには、②を強調したストーリーを組み立てた方が、網羅的に根拠を羅列するよりもはるかにインパクトがあります。

場合によってはメインテーマ、キーメッセージを変えてしまった方がよいでしょう。「今回A社の開発した新製品は利益成長の牽引役となることを期待されている」というようにプレゼンテーションのメッセージを変えてしまい、それ以外の部分は軽く触れるだけにしてしまうわけです。

評価メッセージや政策メッセージなど、それぞれに応じた形で「抜けなく」「モレなく」論理を組むことは重要ですが、一度全体の論理を組み立てたあとで、1点にスポットを集中し、その他の不要な要素を思い切って捨てる、ということも力強くメッセージを相手に伝えるためには、必要なテクニックです。

＊流れの構想

ストーリーを設計するときにスポットライトを当てる部分が決まったら、次はストーリーの「流れ」を作る作業が重要です。論理のピラミッドの上の方から語り始める、つまり最初に結論を言ってしまう。「今回お話ししたいのは、あなたが注目しているA社がシェアを占有できるような画期的な新製品を開発したというニュースなんです」。というように、まず結論に触れてしまう。そして、その根拠を示していくというパターンが一番の基本であ

ると思います。

　ただし、論理ピラミッドの上の方から語り下ろしていくという論法にもメリット、デメリットがあります。つまり、結論が予想外であるとか、期待値を大きく上回っている場合には、非常にインパクトがある。まず予想外の事実を提示されることによって、相手はプレゼンテーションを「聞こうじゃないか」という気持ちになります。相手が期待している内容となんらかの形でギャップがある場合には、非常にインパクトがあることになります。

　一方で、逆に結論が相手の予想範囲内にあったり、あるいは期待値に満たないような場合、最初の段階で拒絶されてしまう危険性がある。「ああ、そんなことはもうとっくに知ってるよ」と門前払いを食ってしまう可能性が高い（もっともこういう場合、結論を後回しにしてあとでがっかりさせることになるくらいなら、最初に拒絶された方が相手の時間をとらなくて済む分ベターであると思いますが、みなさんはどう考えますか？）。

　筆者の経験から言うと、とりわけ忙しいポジションにいる方、結論そのものに興味がある方には、ピラミッドの上から行く作戦がいいでしょう。とくに経営トップの方というのは、集中力が続くのがせいぜい15分くらいではないでしょうか。最初の2～3分の間に、結論と重要な根拠を3つくらい立て板に水で喋りきってしまうのがいいと思います。とにかく結論を先に言ってしまい、プレゼンテーションの全体像を見せてしまうわけです。上から順に話していけば、細かいことはともかく全体としてどういう話なのかは伝わりやすいですし、仮に何らかの事情でオーディエンスが途中退出する場合でも骨子は伝わります。

　政策メッセージのケースで説明したパターンにしたがって、「御社は〇〇すべきですね、社長」とまず結論を言い放ってしまう。「なぜそうする必要があるか」必然性についてポイントを話し、また、「そうすることで大きなメリットがある」ことを強調し、「実際に可能なんですから、やりましょう」と実現可能性でダメを押す。3つのポイントでツボを押さえることができますから、やはり上の方から語り下ろすのが、基本的には効果的だと思います。

欧米人に対してプレゼンするときもピラミッドの上から下にストーリーを展開するのがよいと思います。日本では、小学校の3年生くらいから国語の授業で作文を習い始めます。みなさんは作文をどのように書けと教わりましたか？　おそらく起承転結で書けと言われたのではないでしょうか。起承転結で文章をまとめるというのは、漢文の影響を受けているのだと思います。一方、米国人は小学校4年生くらいから、国語の時間にBook Reportというのを頻繁にやらされるそうです。週末に1冊本を読まされて、「筆者の言いたいことは何か簡単に書け。また、筆者はその主張をするためにどのような根拠を挙げているか3つ程度ポイントを書きなさい。また、各ポイントについて、どのような裏付けをしているか、さらに3つくらいずつ挙げなさい」というような宿題が出されるそうです。これはまさにピラミッド・ストラクチャーです。

　まずピラミッドの上からが大原則ですが、なんでもかんでも上からというわけではない。あとで紹介する「問題解決」パターンの場合は、違うアプローチの方が有効かも知れません。いきなり「こうすべき」みたいな話から入るのではなく、「そもそも社長、貴社にいまこういう問題が起こっていることに気づいていらっしゃいますか？」と問題提起を行う。これはピラミッドの下部、サブメッセージ部分ですね。こういう「気づかせ」みたいな部分から入った方が、かえって相手に聞こうという気持ちを醸成したり、問題意識を高揚させたりできる場合があるのです。

　いつもいつもピラミッドの上の方から説明し始める必要はありません。臨機応変に対応することが重要です。ただ、最初に「問題がいろいろありますよ」と話し始めて、その入り口部分でダラダラ話を長引かせると、「結局、あなたの結論は何なの」と先を促されるケースもあり得るので、オーディエンスの食いつき状況をみながら柔軟に作戦変更することは必要でしょう。

＊＜問題解決＞パターン

　ストーリー作りに慣れるためには、典型的パターンを覚えてしまうことも有効です。たとえば、問題解決のケースについて述べますと、**資料40**のような論理展開になる場合が多いかと思います。

　問題解決では、たいていキーメッセージは「当社はX、Y、Zという現象に対して、早急にP、Qなどの手を打つべきです」というようなものになります。これを相手に理解させるためには、まず、当社には「問題があり」、「放置したままにしておくと大変なことになる」ということを理解させます。問題があることを相手が認知していないこともありますので、まず現象を事実として指摘する。さらに、問題解決策の実行に踏み切ってもらうために、その現象を放っておくことがいかに不利益を招くかを理解させることによって必然性を証明します。さらに、「一連の手を打つことが問題の抜本的解決につながり由々しき事態を避けられる」し（効用）、「こういう手順を打っていけば効果が上がる」（実現可能性）というように展開していくわけです。

　「適切な手」を打ちさえすれば問題は解消できるというのですが、X、Y、Zにはそれぞれ「固有の背景」があり、XについてはX1、X2、…、YについてはY1、Y2、…、Zについても固有の背景があることを指摘します。ここで、XYZと記号で書いている"由々しき現象"の中身はというと、たとえば「顧客満足の低下」「海外市場でのシェア低下」「社員の士気低下」などのことだと考えてください。「顧客満足の低下」をこのまま放置しておくと売上の低下を招き、めぐりめぐって倒産などの重大な局面に直面する、というわけです。

　また、顧客満足の低下の背景には、たとえば「不良品の頻発」や「サービスセンターの対応がいまひとつ芳しくない」、こういった要因があるし、海外市場でのシェア低下の原因には「海外代理店の営業力低下」や「現地の競合企業の台頭」という事情があったりする。

　この問題の本質を掘り下げ明らかにする部分は問題解決において最も重要なパートです。さらに、X、Y、Zに共通する背景として、たとえば2つの要

資料40 問題解決のストーリー

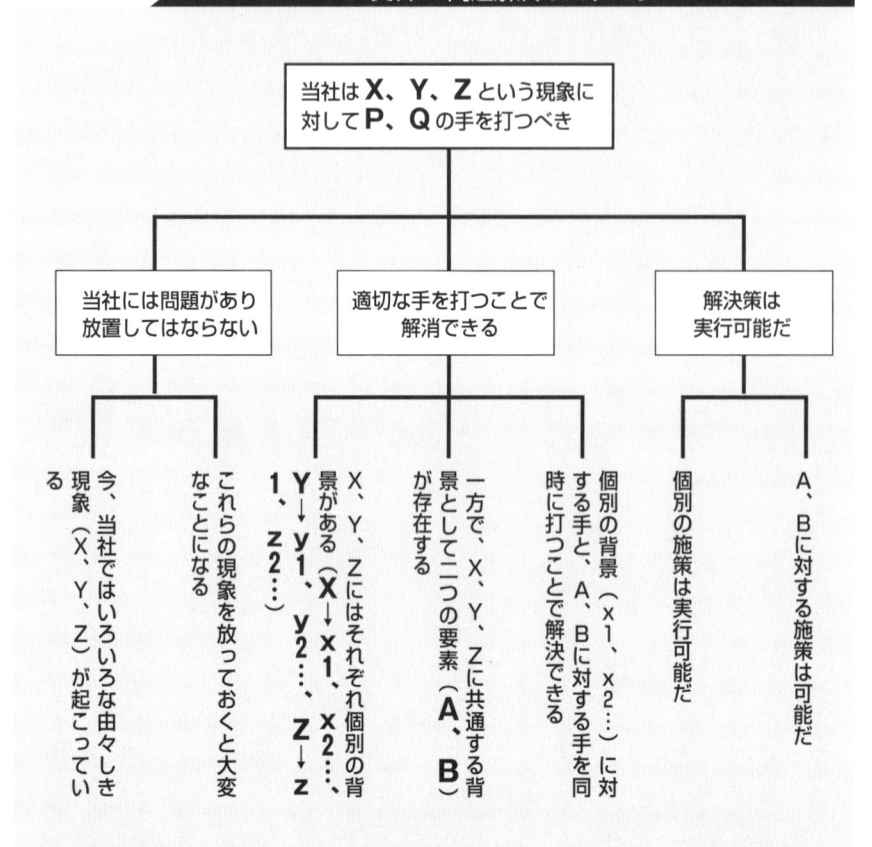

```
          当社は X、Y、Z という現象に
          対して P、Q の手を打つべき
                    │
    ┌───────────────┼───────────────┐
当社には問題があり      適切な手を打つことで      解決策は
放置してはならない      解消できる              実行可能だ
```

[当社には問題があり放置してはならない]
- 今、当社ではいろいろな由々しき現象（X、Y、Z）が起こっている
- これらの現象を放っておくと大変なことになる

[適切な手を打つことで解消できる]
- X、Y、Zにはそれぞれ個別の背景がある（X→x1、x2…、Y→y1、y2…、Z→z1、z2…）
- 一方で、X、Y、Zに共通する背景として二つの要素（A、B）が存在する
- 個別の背景（x1、x2…）に対する手と、A、Bに対する手を同時に打つことで解決できる

[解決策は実行可能だ]
- 個別の施策は実行可能だ
- A、Bに対する施策は可能だ

たとえば
- X＝顧客満足の低下
- Y＝海外市場でのシェアの低下
- Z＝社員の士気の低下

たとえば
- X1＝不良品の多発
- X2＝サービスセンターの対応悪い
- Y1＝海外代理店の営業力低下
- Y2＝現地の競合の台頭

たとえば
- A＝全社ビジョンの不在
- B＝評価制度と戦略の不整合

素A、Bという問題点が存在するなどという極めて本源的なことが掘り当てられれば、非常に興味を引くプレゼンテーションになります。

共通の背景として、たとえば「全社ビジョン」がなかったり、「評価制度と戦略の不整合」が起こっている、等の事実に行き着いたと仮定してください。

次に、こういうことに対してこのような手を打てば解決できるんですよ、と具体的施策を打ち出すわけです。すなわち「個別の施策」に関してはこれこれが有効です、また「共通の課題A、B」に対してはこういう打ち手が有効ですと。さらにそれぞれの打ち手を実行可能な形で展開していくことで問題解決に向けて動き出すことを動機づけるわけです。

ここで注意していただきたいのは、このケースでは論理ピラミッドを上から説明しているわけではない点です。結局証明しなければいけないのは、**資料40**の一番下段の各事象についてです。実は、一番下の列にある記述を、左から右にズーッと読んでいくだけで、十分ストーリーが成り立つことがおわかりになるでしょう。

いま当社でこんなことが起こっている、対処しなければいけない。まず、その問題の「背景を掘り下げる」必要がある。それで分かった根本の原因はこうだ。従って、この根本原因に対しては、こんな手を打つ必要があり、それが実際に実行可能だ…資料の下段の記述をザッと左から右へ読み流すだけで、問題解決のプレゼンテーションがスッキリと流れていきます。

「新製品の提案」（**資料41**）というケースでも同様のプレゼンテーションが可能です。つまり、いま当社の既存商品を見てみるとこのままこれに頼っているのは危険である。一方、世の中を見渡してみたときに、消費者にこれこれの「ニーズ」が高まっている、と。あるいは、既存の商品に対し、これこれの不満があり、むしろこんな商品が求められている、という背景があるとします。このマーケット対して、当社がこのような新商品をぶつけていくことで、これだけの市場がとれ、こういうシェアがとれる。具体的にはこうすればいいし、実現性もある。だからやろう、というようなストーリーの流

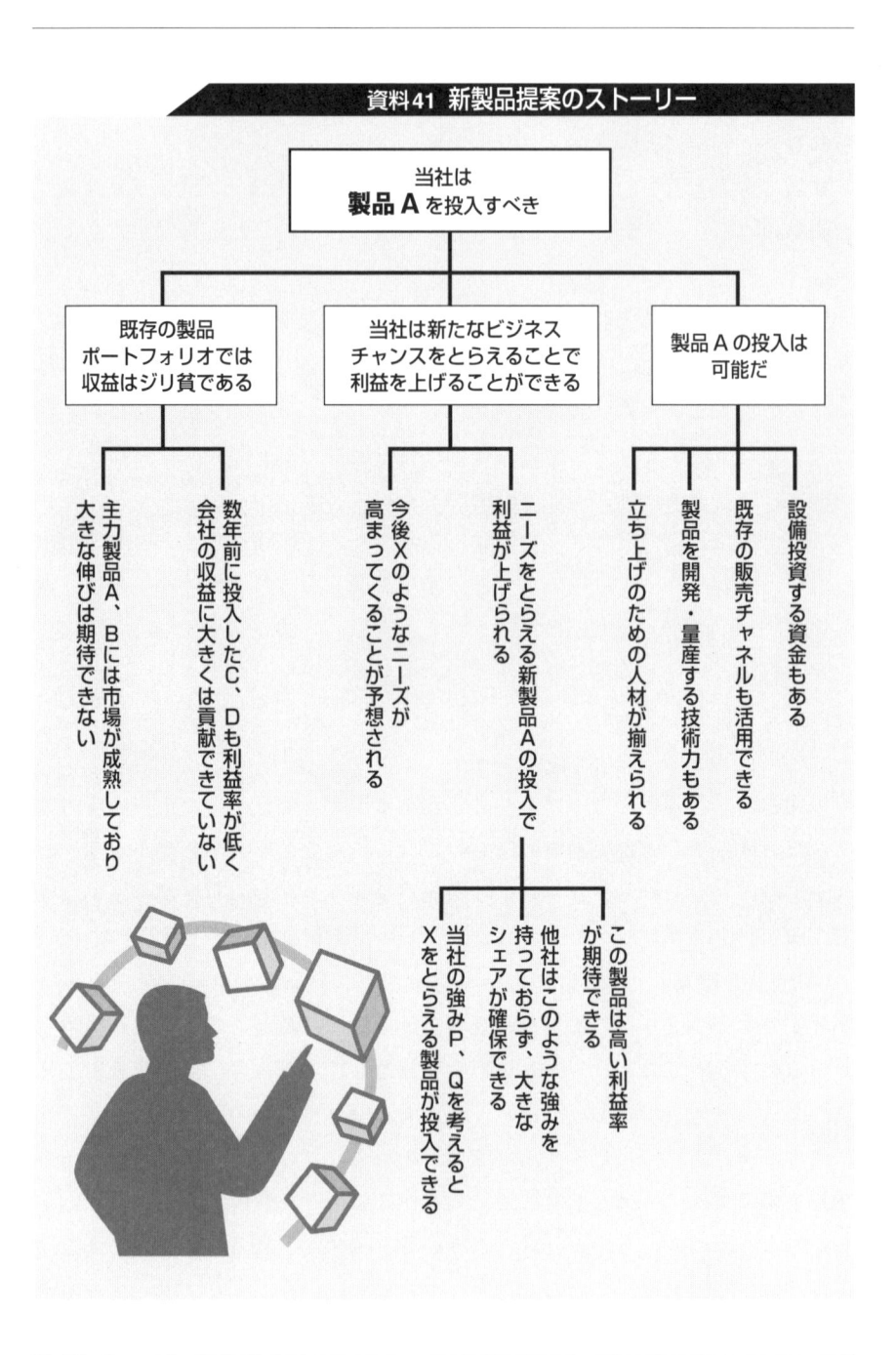

資料41 新製品提案のストーリー

- **当社は製品Aを投入すべき**
  - 既存の製品ポートフォリオでは収益はジリ貧である
    - 主力製品A、Bには市場が成熟しており大きな伸びは期待できない
    - 数年前に投入したC、Dも利益率が低く会社の収益に大きくは貢献できていない
  - 当社は新たなビジネスチャンスをとらえることで利益を上げることができる
    - 今後Xのようなニーズが高まってくることが予想される
    - ニーズをとらえる新製品Aの投入で利益が上げられる
      - この製品は高い利益率が期待できる
      - 他社はこのような強みを持っておらず、大きなシェアが確保できる
      - 当社の強みP、Qを考えるとXをとらえる製品が投入できる
  - 製品Aの投入は可能だ
    - 設備投資する資金もある
    - 既存の販売チャネルも活用できる
    - 製品を開発・量産する技術力もある
    - 立ち上げのための人材が揃えられる

れになるかと思います。

◎……「暗黙」の決まりに従う

　先ほど、論理の組み方は臨機応変に、フレキシブルに、ということを申し上げました。ここで注意しなければいけない点は、説得する相手側には「習慣」とか「決まり」とか、「暗黙の約束事」といったものがあり、そういったものには逆らわず、その決まりにしたがってストーリー展開を進めた方がよいということです。

　たとえば6人家族の扶養者に「同居している方々はどういう家族構成になるんですか？」と質問します。おおかたの人は「祖父と祖母と妻と息子と娘です」と答えると思います。そのときに「息子と祖父と妻と祖母と娘です」と答える人はまずいない。要するに年齢は上から、どちらかといえば男性女性の順で、あるいは単純に年齢の上の方から順番に、みたいな紹介の仕方になると思います。別に法律や、こうしなければいけないという取り決めがあるわけではないのですが、何とはなしの決まりごとのようなものです。

　これは一例ですが、プレゼンテーションにおいても慣習的な決まりごとというのが存在しますので、それについてはわざわざ崩さない方が、プレゼンテーションはスムーズに流れます。それ以外の点については、比較的自由に、その場その場で対処されていいのではないでしょうか。

◎……AIDMA理論

　たとえば、プレゼンテーション実施のプロセスの中では、「相手の思考の流れに沿って話をしていく」ということが重要です。人間の購買行動を解析したものに『AIDMA理論』があります。AIDMAの順に人間は考え、購買行動を起こすという考え方です。

　まず、"気づき"、"認知"といったものでAwareness。その商品の存在を知らない人がまず認知する。説明を聞くことによって商品の内容に興味

(Interest) を持ち、商品を保有したいという欲求（Desire）が起こってきて、購入しようかどうしようかためらう瞬間に購入を動機（Motivation）づけるような話があって、そして購入（Action）する、というような形で購買行動が理論づけられているわけです。

広告宣伝シーンでは、新製品投入のキャンペーンによく使われる手法です。消費財の購入を強力に勧める、というプレゼンテーションの場合、ピラミッド構造にするよりは、AIDMA理論に則ってストーリーを展開する方が相手にとって飛びつきやすいと思います。資料42の例でいえば、「実は弊社から画期的な口紅が発売されたのですが、ご存じですか？」「あら、便利ね」「今回は弊社の顧客リストの中から美しいお客様だけに限定してお知らせしているのですが」「それって私のこと？」「いかがでしょう、お買い求めいただけませんか？」と、まぁ、こういう流れで購入を迫る。

このようなケースで、「この口紅を使う必然性がある」「使えばメリットがあり」、「買うおかねもある」んだから「奥さん、これを買うべきです」なんていう「論理力」による説得、というのはほとんど効果が見込めないでしょう。

＊流れの自己診断法

論理のピラミッドを上から語り下ろしていくやり方、＜問題解決＞パターンで問題点を左から右へと流していく語り方、それぞれにメリット、デメリットがありますので、ケースバイケースで使い分けていただくとよいでしょう。

さて、すでにプレゼンテーションのパッケージを自分なりに作り上げてはみたものの、しっくりこなくて変えたいと思うとき、「流れを自己診断する方法」があります。比較的シンプルな方法です。自分がつくったパッケージの1ページ、1ページを繰りながら、そのページで自分は何を言いたいのかということをもう一度吟味し直し、ページの上部に1行で簡潔に書き出してみます。全ページについて書き終わったら、上の1行のメッセージだけをずっと順番に続けて読んでいくと、話がうまくつながっている部分、つながら

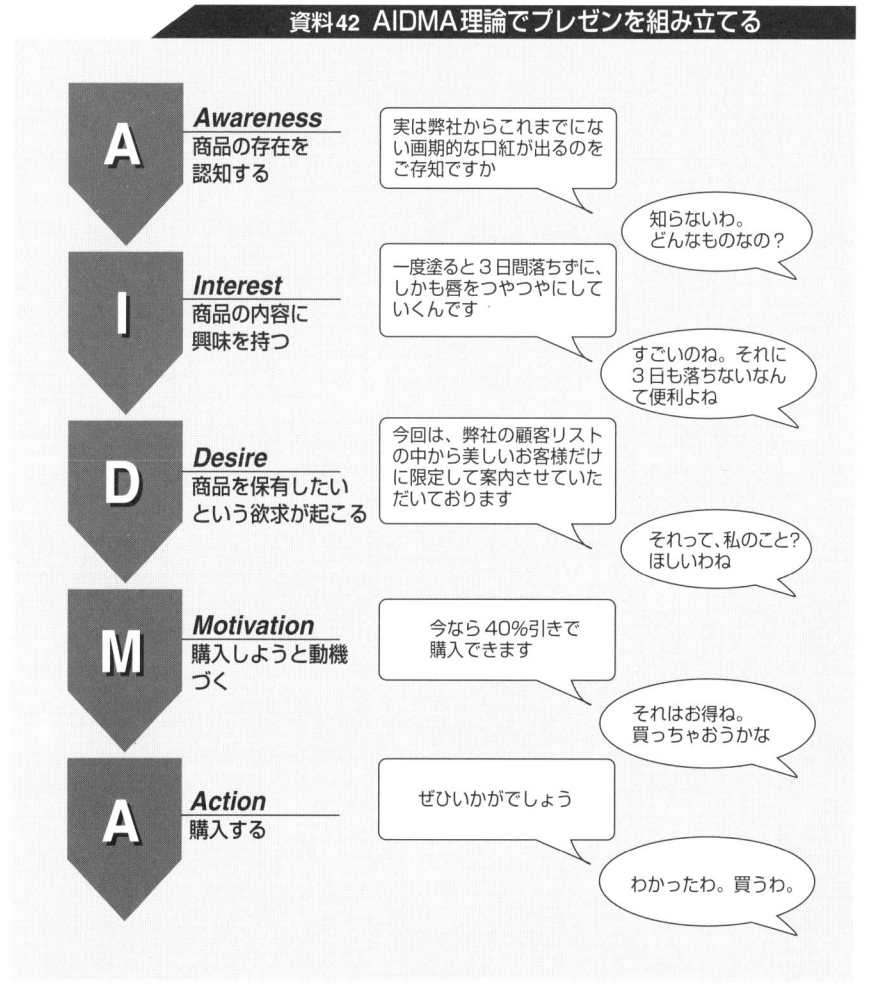

資料42 AIDMA理論でプレゼンを組み立てる

A Awareness
商品の存在を認知する

「実は弊社からこれまでにない画期的な口紅が出るのをご存知ですか」

「知らないわ。どんなものなの？」

I Interest
商品の内容に興味を持つ

「一度塗ると3日間落ちずに、しかも唇をつやつやにしていくんです」

「すごいのね。それに3日も落ちないなんて便利よね」

D Desire
商品を保有したいという欲求が起こる

「今回は、弊社の顧客リストの中から美しいお客様だけに限定して案内させていただいております」

「それって、私のこと？ほしいわね」

M Motivation
購入しようと動機づく

「今なら40%引きで購入できます」

「それはお得ね。買っちゃおうかな」

A Action
購入する

「ぜひいかがでしょう」

「わかったわ。買うわ。」

ない部分がわかります。場数を踏んだプレゼンターでも、案外こうした事前チェックを行う人は少ないものです。こうしてストーリーの流れが悪い、ということがわかれば、話の順番を変えたり、論理がきちんと構築されているかどうか再検証することになります。

　あるボリュームの文章で構成されたページを眺めているだけでは、論理の「抜け」「モレ」「アラ」は普通見えてきません。ピラミッド（ツリー）型に

整理した上で、きちんと順序よく話せるかどうか、実際にチェックしてみる、ということをお勧めします。

ストーリーがおかしい典型的な例

◎……MECE（ミーシー）感のないストーリー

　次にストーリー展開における典型的なミスについて話を進めます。ここでは「ミーシー感のないストーリー」について触れます。**資料43**を見ていきましょう。「これから私どもの業界についてお話しします。市場はいま縮小傾向にあるのが特徴です。そのような傾向の中で、競合企業は撤退を開始しており、当社としてはこのような戦略を立てています」という内容です。最初にサマリーをして、その後、ストーリーが始まります。「まず価格が低下しており、引き続きデフレ傾向にあります」ということで、価格のグラフが提示されます。「商品別に見てみますと、とくにCの価格の下落が大きくて、

資料43　ストーリーの失敗事例

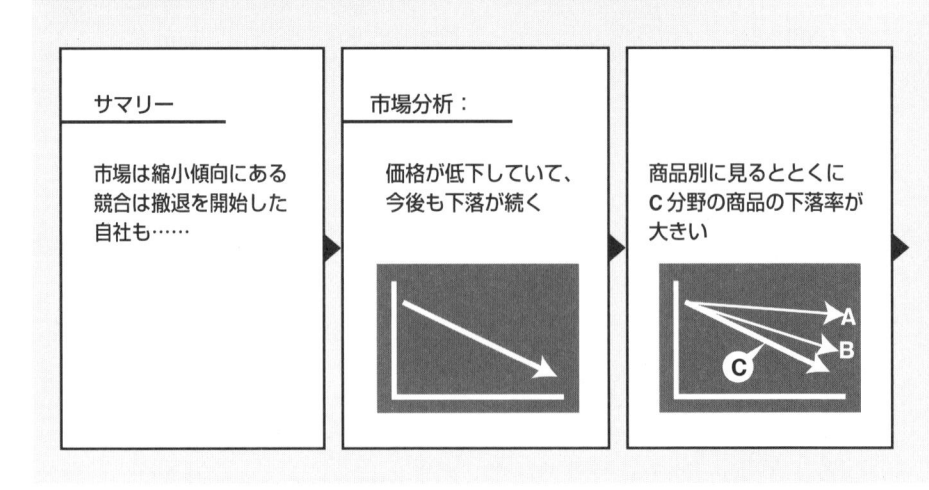

サマリー	市場分析：	
市場は縮小傾向にある 競合は撤退を開始した 自社も……	価格が低下していて、 今後も下落が続く	商品別に見るととくに C分野の商品の下落率が 大きい

このあたりが市場参加者の非常に憂慮している点です」「そこで、こういった価格の低下を受けて競合他社は撤退を検討しています。Ｘ社はすでに撤退を決めましたし、Ｙ社は撤退を検討中です…」、とこんな感じでストーリー展開していきます。

　ところが、グラフを見てみると数量の話に触れられていない。市場というのはあくまでも「価格×数量」で決まりますので、数量が増えていれば仮に価格の低下があっても、必ずしも市場が縮小しているとは言えないわけです。「市場＝価格×数量」という基本（枠組み＝フレーム）がわかっていれば、こういう論理のミスは犯さない。「数量はいまこういう状態にあり、価格はこういう状況で、だからこそ憂慮している」という説得力のある話になるわけです。

　数量の話には触れず、価格の低下ばかり憂えられても、論旨に説得力がないのです。たとえば、ここでＣ分野の商品の価格が下落していて憂慮していると言いますが、Ｃ分野の商品の数量が市場全体に占める割合が僅少であれば、Ｃ分野の商品の価格がいくら下落しようが市場に与える影響はほとんどないわけです。市場に占める比率を示さず、価格の高低だけを指摘しても、

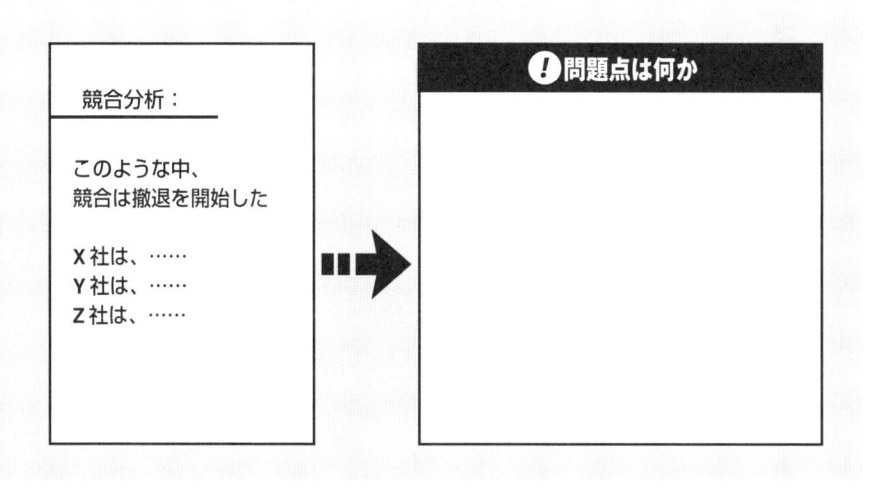

```
┌─────────────────────┐     ┌─────────────────────┐
│  競合分析：         │     │ ❗問題点は何か      │
│                     │     │                     │
│  このような中、     │     │                     │
│  競合は撤退を開始した│ ➡  │                     │
│                     │     │                     │
│  Ｘ社は、……         │     │                     │
│  Ｙ社は、……         │     │                     │
│  Ｚ社は、……         │     │                     │
└─────────────────────┘     └─────────────────────┘
```

非常に不正確なストーリーにしかならない。これは、ミーシー感のないストーリーの典型です。論理に「モレ」や「抜け」があるのに気づいていないわけです。だから、ストーリー全体も「抜け」や「モレ」に覆われてしまうのです。

＊ストーリーに「戻り」が起こるパターン　　　　　　　　　　資料44

プレゼンテーションを聞いていて、いらだたしい感じになるのが「ストーリーに『戻り』が起こる」ケースです。問題解決というようなテーマの際の事例を挙げてみましょうか。

「いまわが社にはA、B、Cというような問題が起こっています。問題の本質を掘り下げていくと、Xという非常に重要な共通の課題があることがわかりました。そこで、今回はこのXの解決に向けて、どういう打ち手がいいのか、それを提案したいと思います」。

まあ、ここまでは問題提起ということで、妥当な話しぶりだと思います。

「打ち手には、打ち手Pと打ち手Q、打ち手Rがあります。今回それぞれのメリットとデメリットを比較しました。打ち手Pはメリットが多くてデメ

資料44　ストーリーの失敗事例

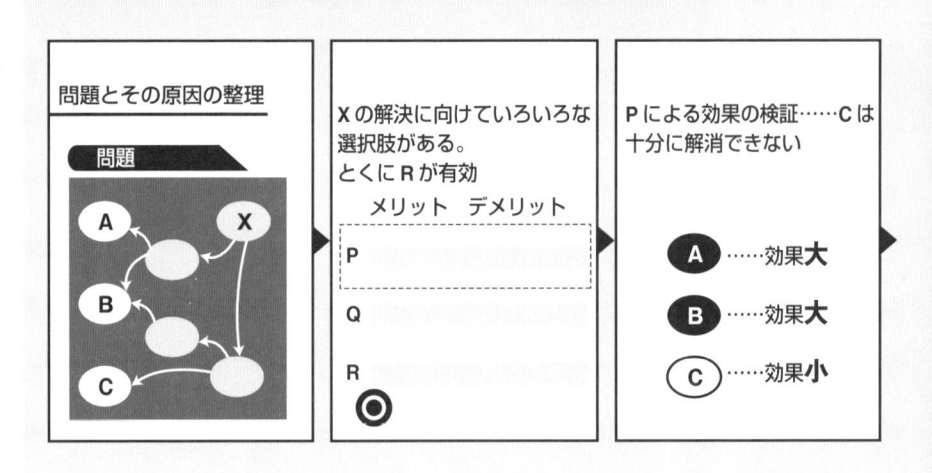

リットが少ない。打ち手Qはメリットが少ない割にはデメリットが多い。打ち手Rは打ち手Pと同様にメリットが大きい一方で、デメリットも多い。それこれを勘案し、やはり打ち手Pというのがベストだと思います。この打ち手Pをどうやって進めていくかということで、3カ月間程度のプロジェクトを進めたいと思います」。

　これで問題解決の提案が1通り済んだ、とオーディエンスは誰も思います。ところが…。

　「さらに、このような打ち手Pによって、実際にA、B、Cが解消できるかどうかについても検証しました。Aはかなり解消できます。Bも解消できます。Cは完全には解消できませんが、改善は見込めます。なぜCが完全解消できないかというと、実はCに関してはXの他にもYという要因があって…」と、オーディエンスにとっては思いもよらぬ方向へストーリーは展開していきます。

　これは、問題の定義に「モレ」があって、それを繕いながら進めるプレゼンテーションの典型といえます。前もってX以外の要因があるなら調べ上げて、前半部分に織り込んだ発表をしなければいけません。課題の指摘があり、

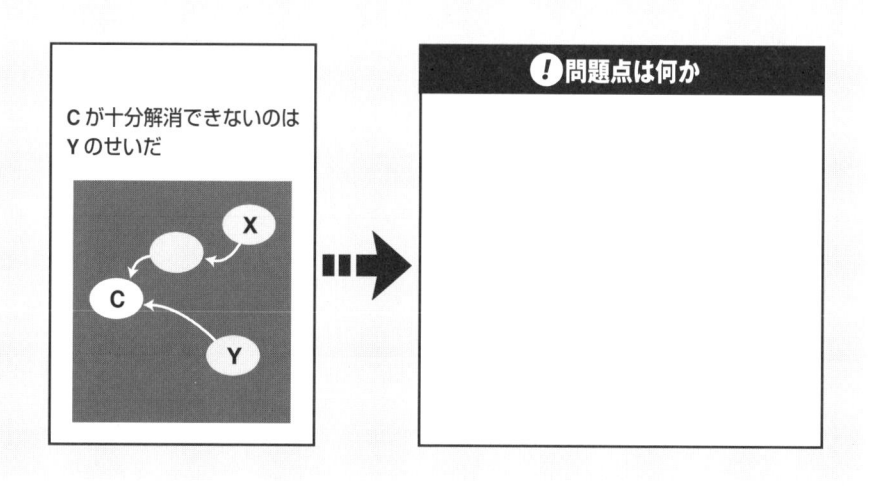

解決策の話が終わってああよかったなと思っていると、また別の課題の指摘が始まる。「モグラ叩き」のような論理展開になってしまう。整理が悪く、ストーリーにこういった『戻り』が頻発すると、オーディエンスは嫌になってしまいます。聞き手がいらいらしてはプレゼンテーションの成功など、期待すべくもありません。話の展開に『戻り』が生じないよう、入念な準備を行ってください。

＊ストーリーに連続性のないパターン

　整合性が欠如した、たとえばフレームワークに統一感のないプレゼンテーションはストーリーの流れを壊します。**資料45**の「成果を決める要素」を見てください。

　「いまわが社では成果主義が導入され、個々の社員に成果を挙げることが求められています。成果を決める要素を分析していった結果、やはり『地アタマ』のよさが重要ではないか…」とストーリーが展開されていきます。それで、そのまま聞いていると、「そこで、IQのレベルを高めるような教育の導入を考えています」というような話に進んでいく。さっきまで「地アタマ」と呼んでいたのに、今度は違う言葉が唐突に出てくる。

　「あれ、IQというのは地アタマってことなのかな？　何か別の意味合いを込めて使っているのかな？」。誰しも疑問を持ちます。これは、極端な例ですが、似たような用語のすり替え、意識的か否かを問わずフレームワークの不統一はよく見られる現象です。

　プレゼンテーションのストーリー展開の中では、１度使い始めたフレームワークや用語は、ズーッと統一して使ってください。フレームワークや用語がころころ変わると、話を意図的に変えたのか、単純なミスなのか、オーディエンスが気になって仕方がない、という状態に陥ってしまいます。

　いままで議論していたこととは微妙にずれた切り口で次のテーマを扱うような議論を始めてしまうと「あれ？　前のページの話との関係はどうなっているのかな？」と思われてしまいます。そのことを説明してもらえないと、

オーディエンスとしては、「自分で考えろ、ってことなのかな。なんか不親切だな、不満だな」と思ってしまいます。オーディエンスに対して不誠実なストーリー展開になりかねないので、注意してください。

ここまで挙げてきた「欠陥」の事例は、研修と言う場面で本当に頻繁に目にするタイプのものです。みなさんの中に、どうも自分のプレゼンテーションのレベルが上がらないと感じている方があれば、ぜひ該当することがないか確認してみてください。1つ2つ該当するものがあるはずです。

ごちゃごちゃしたストーリーを展開する人に、「話がわかりづらいですね」とコメントすると、「すみません。プレゼンに慣れていなくて……」と言い訳する方がいますが、このような方は、たいてい「慣れ」の問題ではなく、その人本人の頭の中がすっきり整理されていないものです。わかりづらいと指摘されたときはスキルなどのせいにすることなく、自

資料45　ストーリーの失敗事例

成果を決める要素
- 行動化
- 知識・経験
- 地頭のよさ

各要素を鍛えるために
- IQ……持って生まれたものでなかなか変わらない
- 業務知識……勉強し経験を積むことで改善できる
- 行動化……自分の行動パターンの認識が不可欠

❗問題点は何か

113

分は自分の言いたいことがわかっているのだろうか、それを相手にわかりやすく説明しているのだろうかと謙虚に自問自答してみる必要があります。

◎……ピラミッド構造の復習／メインメッセージと1枚1枚のチャートの関係

プレゼンテーションにおいては、まず主張したいキーメッセージがあります。キーメッセージのタイプ（事実・評価・政策の各メッセージ）に応じて、それを支えるサブメッセージA、サブメッセージB、サブメッセージC、以下を準備します。さらに、それぞれのサブメッセージを支えるサブサブメッセージ群を列挙・構成していくわけです。

結局、最下部層のA1、A2、A3が理解されることで、メッセージAが相

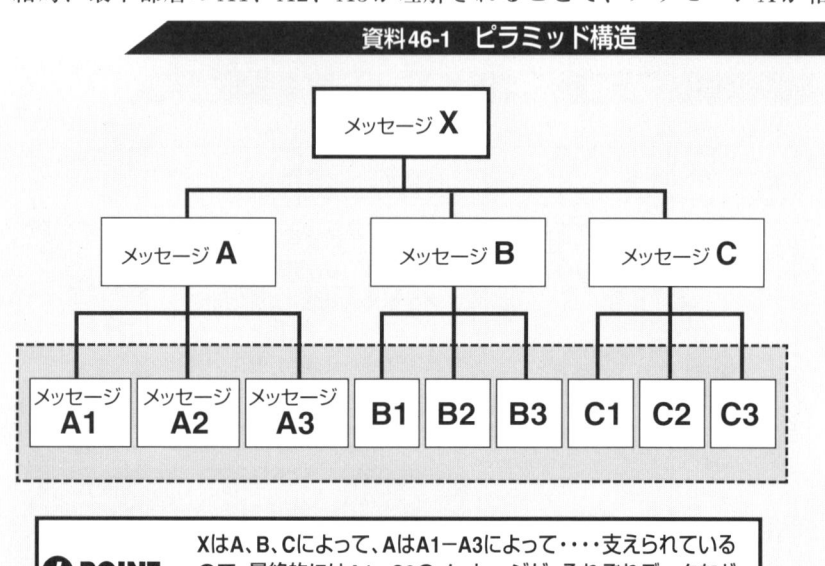

資料46-1　ピラミッド構造

```
           メッセージ X
         ／    │    ＼
   メッセージA  メッセージB  メッセージC
   ／│＼     ／│＼     ／│＼
  A1 A2 A3  B1 B2 B3  C1 C2 C3
```

! POINT　XはA、B、Cによって、AはA1－A3によって‥‥支えられているので、最終的にはA1－C3のメッセージが、それぞれデータなどで裏付けられる必要がある。

Ⅱ　説得的プレゼンテーション

資料46-2　コンサルティング会社のレポート

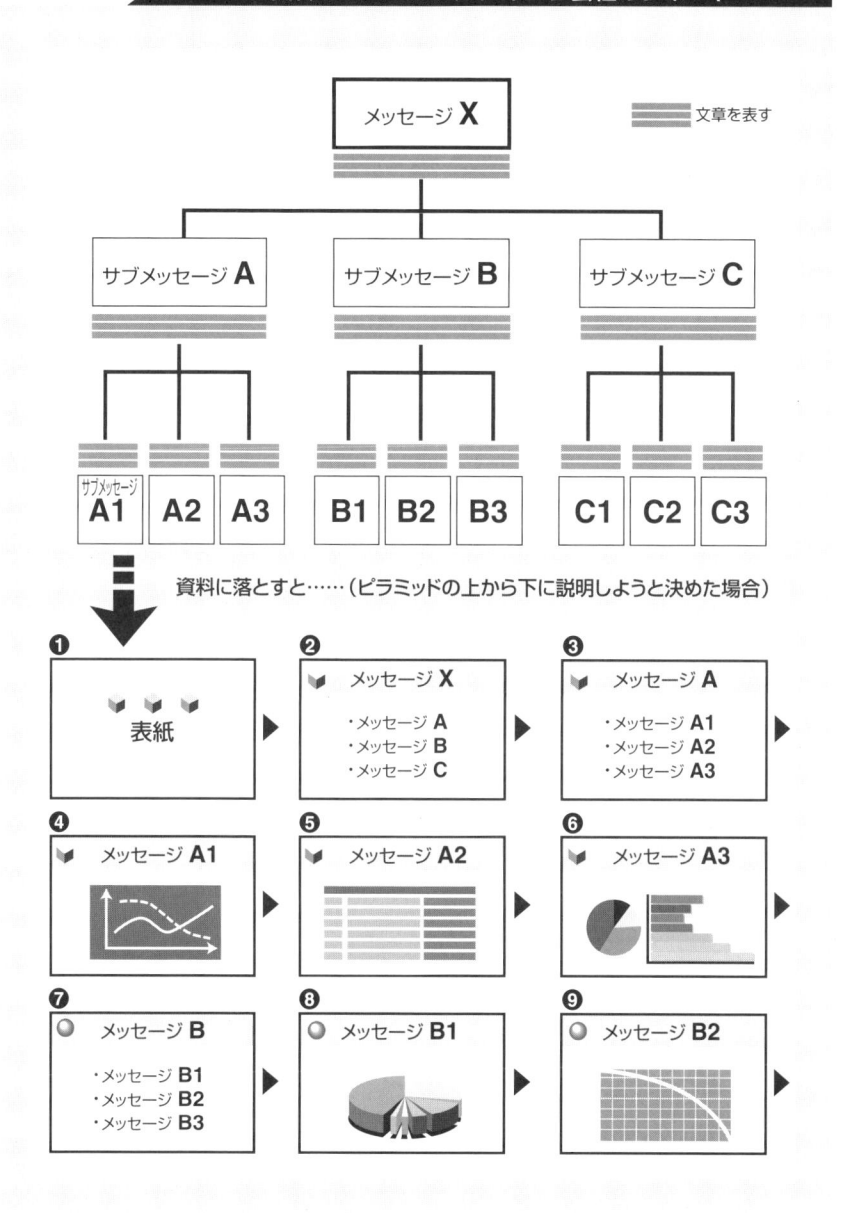

```
                    メッセージ X
           ┌───────────┼───────────┐
     サブメッセージ A   サブメッセージ B   サブメッセージ C
     ┌──┼──┐     ┌──┼──┐     ┌──┼──┐
     A1 A2 A3     B1 B2 B3     C1 C2 C3
   (サブメッセージ)
```

文章を表す

資料に落とすと……（ピラミッドの上から下に説明しようと決めた場合）

❶ 表紙

❷ メッセージ X
・メッセージ A
・メッセージ B
・メッセージ C

❸ メッセージ A
・メッセージ A1
・メッセージ A2
・メッセージ A3

❹ メッセージ A1

❺ メッセージ A2

❻ メッセージ A3

❼ メッセージ B
・メッセージ B1
・メッセージ B2
・メッセージ B3

❽ メッセージ B1

❾ メッセージ B2

手に伝わる。AとBとCが伝わることで最終的にはキーメッセージXというものが伝わり、プレゼンテーションは完了する。

　要するに、この底辺部に関して根拠をきちんと明確に示して、相手の理解を図ることが根本的に重要だということなのです。せっかく論理的に分解してメッセージA1、メッセージA2、メッセージA3などを特定できても、1つひとつの証明が甘いと、そこで「あれ、違うんじゃないの？　メッセージA1と書いてあるけど、このデータは他のことを言っているんじゃない？」と批判を浴びます。ピラミッド構造の最下部の論拠が崩れると、連鎖的に上部構造＝キーメッセージも崩壊してしまいます。

　論理構造のチェックをして、この最底辺部だけをストーリーにそって並べ替えたパッケージがプレゼンテーションの資料になります。逆に言うと、A,B, Cなどのサブメッセージは必ずしもパッケージの中には表記されず、A1, A2, A3を説明した後に、「これらのことからおわかりのように、Aということが導けるのです」というように言葉だけで触れてもよいのです。

　ただし、論理ピラミッドが非常に多くの段数から成っているときは、最底辺部だけをきいていても、説明が進むうちに前の部分を忘れてしまったりするので、思い出してもらう意味でも、「Aその根拠はA1, A2, A3だから」というようなテキストだけのページを間に挟んだりします（**資料46-2**）。

◎……決めチャート、勝負チャート

　1枚1枚のチャートが論理構成のベースを支えている、ということに前項で触れました。しかしすべてのチャートが同じように重要なのではなく、プレゼンテーションにおいては、ストーリーの『肝』となる「決め手」となるチャートが存在します。一般的にいってどのあたりのページが勝負チャートになる、などという法則はありません。要するにストーリーの流れの中で、オーディエンスにとってインパクトのある1枚が、必ず存在する、また存在しないと気の抜けたプレゼンテーションになります。

オーディエンスにとってインパクトのあるものとはどういうものか？　それは、「オーディエンスが気がついていないようなこと」を明らかにするものだったり、「オーディエンスがまったく思いもよらないようなこと」を提案することでしょう。以下に、インパクトのある勝負チャートの事例について、3つのケーススタディを挙げて述べてみます。

①問題解決のケース

たとえば問題解決のケースですと、「問題をスッキリと整理したチャート」というのは非常にインパクトを与えます。つまり、いままでの切り口では整理し切れなかったことが、別の切り口で鮮やかに整理されているというようなチャートは"勝負チャート"と言えるでしょう。相手とは違う切り口で問題をすっきり整理する。相手が気づいていないような切り口を示すのがミソなのです。

それから「問題の本質をえぐり出す」ようなチャート。相手が表面的な部分しか見ていないようなとき、問題の根がずっと深いところにあることを示し、その根っこをえぐり出すようなチャートが決定的にインパクトを持ちます。さらに問題の本質がえぐり出されたところで、問題解決のための極めてクリエイティブなアイデアを出す。これまで誰も思いつかなかった、たしかに有効であるようなアイデアを提案するとインパクトがありますね。こういうことを示すチャートが「決め手」となるチャートです。

②事業立案のケース

事業の立案をするケースでは、やはり、潜在的なニーズも含め、どこにどういったニーズが、どれほどのサイズであるかをはっきり示すチャートがインパクトを持ちます。いままでだれもが気づかなかったところに、こういう種類のニーズがある、こんなでかいビジネスチャンスが転がっている、ということを指し示すことこそ勝負チャートの役割です。

また、競争が激化するマーケットの中で、他社に対する自社の優位性を一

目でわからせる、優位性の内容や継続性を文句なく理解させるチャートがあれば決定的な価値を持ちます。

当然、事業とは大きな経済的リターンを期待して投資するわけですが、どこに、いつ、どれだけの資金を投資すればどのくらいのリターンが得られるか、ということを明示するデータを示すチャートも揃えれば、投資する側には意思決定の決め手となるはずです。

③ソリューション・サービス提供のケース

一方、コンサルティングなどで顧客に対しソリューションを提案するケースなどでは、「顧客の現状を私たちはこんなに正確に認識していますよ」というメッセージが伝わる1枚が、勝負チャートになります。「この人たちは外部の人だから」と顧客が思ってしまったら、コンサルテーションは機能しません。顧客の状況を熟知していることは、コンサルタントにとって最大の武器になります。「ああ、この人ならうちのことを隅から隅までわかってくれているから…」、そういった信頼感を前提にしないと、相手にこちらの言葉は届かないものです。

他にもサービスプロバイダーが多数存在する中で、他社よりも自社のサービスが圧倒的に優れていることを示す納得感のあるデータを提示しなければなりません。逆にそこで自社の優位性をうまくアピールできなければ、受注には至らないでしょう。自社に対する"信頼感"を増大する、"優位性"を実証するようなキーチャートが、いかにビジュアル化されているかが、勝負の分かれ目なのです。

> 以前あるソフトウエア会社でプレゼンテーションの講義をさせて頂いたときにこんなプレゼンがありました。想定しているオーディエンスはある中堅企業の社長と、情報システム部長です。「先日御社の物流担当者から在庫の管理で困っているという話を伺いました。本日は弊社が開発した在庫管理システムのご提案をさせていただきたいと思います……」

物流担当者は自分の仕事の遂行で手一杯ですから、会社全体を俯瞰して問題点を述べてくれることはあまり期待できません。そんな状況で、社長にある一部分のソリューションを提示しても、「うちの会社の全体像をわかってくれているのか」という気持ちを起こさせてしまいます。自分のところの新しいシステムを売りたいだけなのだろうと思われる危険が高いのです。

資料47　勝負チャートのまとめ

問題解決・事業変革

❶ 問題を新鮮な切り口で整理したチャート
❷ 問題の本質がえぐり出されているチャート
❸ クリエイティブな解決案が提案されているチャート　など

新規事業提案

❶ 隠れたニーズ、誰も気付いていないビジネスチャンスを明らかにしたチャート
❷ 自社の競争優位性、その継続性がわかるチャート
❸ 利益が確実に上がることがわかるチャート　など

ソリューションサービスの提案

❶ 顧客の悩みがよくわかっている、ということが伝わるチャート
❷ 他のサービスプロバイダーのサービスよりも自社の方がすぐれていることがわかるチャート
　　など

II-2-5 STEP 5　ビジュアルの作成

◎……チャートの基本的な考え方

　ステップ1〜4までで、プレゼンテーションで何を主張するかキーメッセージを決めること、またそれを支えるために論理を構築すること、論理を支えるためにデータを揃えること、材料が揃ったら話の流れを作ることなどを述べてきました。ピラミッド型に組み上げた論理とストーリーの流れができ上がったら、いよいよビジュアルの作り方に入っていきます。

　プレゼンテーションを行う際には、やはりビジュアルにこだわってほしいと思います。その理由としては、

　①文章の羅列よりも興味が湧く、飽きがこない
　②要点やメッセージが伝わりやすい
　③概念的・抽象的な内容でも伝えやすい
　④図像の形で印象に残ったり、インパクトが強い

　この4つのポイントがビジュアル重視の背景です。せっかく集めたデータとその分析を、よりわかりやすい表現に変えて相手に届けるというのが重要な点です。

　また、先ほどから何度も念を押しているように、ピラミッドのキーメッセージを支えるのは、最終的には1番下にくるメッセージです。ですから、そのメッセージが1枚1枚のチャートを通じて理解されない限り、1番上のキーメッセージは絶対に理解されません。このキーメッセージを支えるために分解したメッセージ群が完全に理解・納得されるように最大限の工夫をする

ことが大事で、そのためには1枚1枚のチャートに
　①**余計なメッセージを入れない＝適切な情報量に絞り込む**
　②**言いたいメッセージが目に飛び込み「脳に到達するよう工夫する」**
ということが凄く重要なのです。

　まず、適切な情報量ということでは、1枚1枚のチャートに余計な情報を入れない。つまり、ワンチャート・ワンメッセージという考え方ですが、別のメッセージが混入することを避けてください。別のメッセージが読み取られてしまうと「あなたはそう言うけど、このデータを見ると、むしろこうなんじゃないの？」と言われた瞬間に、その上に乗っているキーメッセージが崩れてしまうわけです。こんなときに、「ああ、たしかにそうも言えますね」などと応答したら、プレゼンテーションはぶちこわしです。

　意図した以外のメッセージが読みとられることのないよう、自分の意図しているメッセージだけが的確に相手に届くよう情報量を絞り込んでください。なるべく余分な情報は載せないようにし、なんらかの理由でそれでも情報量が増えるようならば、自分の見てほしいところに目がいくよう強調してください。

　しかし、実際にはこの情報を絞り込むというのは、言うは易く行なうは難しいの典型的なもので、情報をたくさん集めてしまうとどうしてもそれを披露したくなるのが人情です。私はこんなにデータを集めました。こんなにたくさん分析しました。自分の努力を認めてもらいたいものです。でも、それはオーディエンス側にとってはまったく関係のないことなのです。ある主張を理解してもらい説得することと関係のないことは、思い切って捨てるのがプロフェッショナルです。

◎……チャートの良し悪し

　これから、あるメッセージを伝えようとして作成された幾種類かのチャー

トについて見ていきます。まず、**資料48**のチャートです。6つのグラフと1つの表の上に、長いメッセージが書いてあります。たとえば、84％とか81％という数字が出てきますが、下のどこを見たらよいかすぐにわかりますか？

このようなチャートは、まるで、「あなたは、これを見てわからないのですか？」「説明しなくてもわかりますよね」と言われているようなものです。ひたすら情報量が多くて、でもどこを見ればいいのかがわからない。まったく不親切です。

相手に届ける情報を「絞り込む」ことと同時に、さらに「脳に到達させる」ということが重要で、そのためにはメッセージが目に飛び込むようなビジュアルを工夫しなければなりません。

資料48　悪いチャートづくりの例

不動産管理業を除くすべての事業の売上高がこの6年間で縮小しているが、99年以降、主力の百貨店業での営業利益が拡大している。結果、2002年には連結売上高の84％、同営業利益の81％を稼ぎ出し、全社の収益を牽引しているのが現状である。

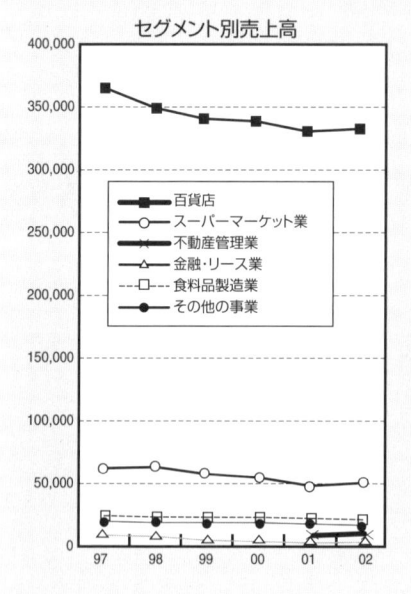

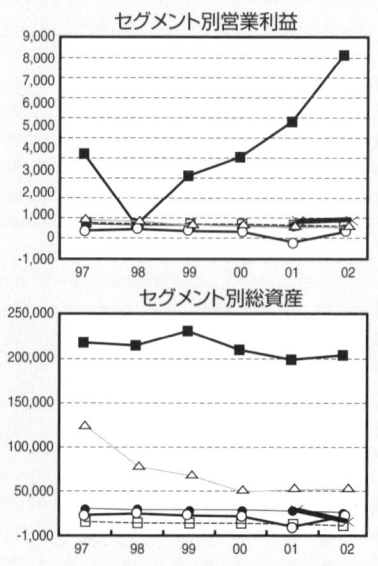

Ⅱ　説得的プレゼンテーション

目に飛び込む、と申し上げましたが、次に**資料49**を見てください。左側と右側の図を比べてみると情報量はほぼ同じですが、右側のほうがメッセージが目に飛び込んできます。見た瞬間に3つ特徴があることがわかりますし、その3つの特徴がコストパフォーマンスとデザインとアフターサービスに関わることであることが、いっぺんに理解されます。

　資料50も「目に飛び込むレイアウト」を考えれば、右側のチャートが優れていることは一目瞭然です。言い方をかえれば、左側のチャートはテキストベースそのままの作りです。「私のいる部署は営業企画室です。営業企画室の役割は、販売店と本社商品企画部の間で、販売店からの市場情報を吸い上げ、分析結果を本社にフィードバックしたり、本社方針に基づいて各販売店の売り上げ目標を提示したりする役割を果たします」。この1文を読んで

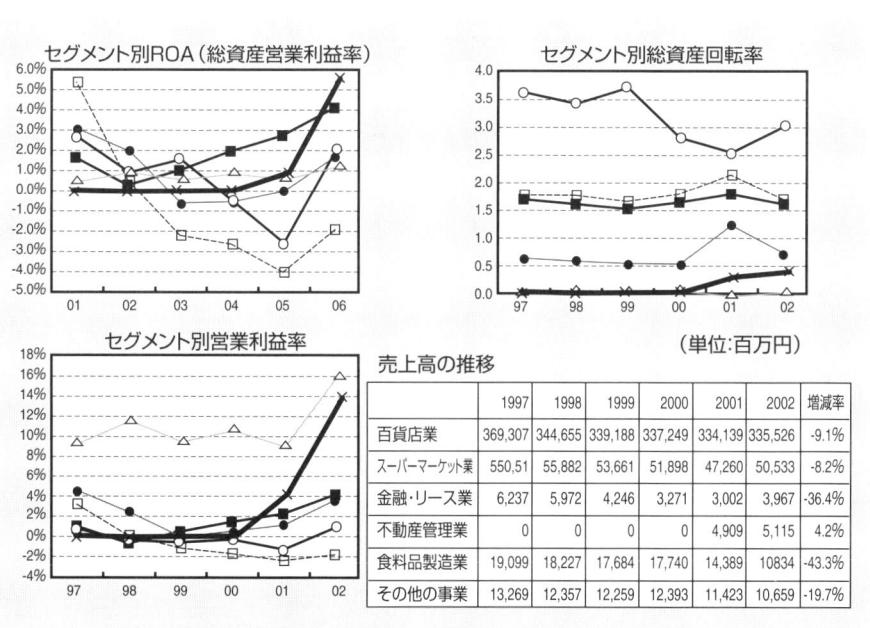

売上高の推移

	1997	1998	1999	2000	2001	2002	増減率
百貨店業	369,307	344,655	339,188	337,249	334,139	335,526	-9.1%
スーパーマーケット業	550.51	55,882	53,661	51,898	47,260	50,533	-8.2%
金融・リース業	6,237	5,972	4,246	3,271	3,002	3,967	-36.4%
不動産管理業	0	0	0	0	4,909	5,115	4.2%
食料品製造業	19,099	18,227	17,684	17,740	14,389	10834	-43.3%
その他の事業	13,269	12,357	12,259	12,393	11,423	10,659	-19.7%

※その他の事業には、①製造業（衣料品、寝装品、薬品、農薬・飼料、家具など）、②運送業、③不動産管理業が含まれる。

資料49　ポイントが一目でわかるチャートの例

当社製品の特徴

当社製品には3つの特長があります。

第1にコストパフォーマンスが高いこと
・驚異的な処理スピードを実現したことにより従来製品に比べ低コストでよりたくさんの書類を処理できます

第2にデザインがよいこと
・人間工学に基づいたフォルムの採用で使いやすくなりました

第3にアフターサービスが充実していること
・24時間お客様からの問い合わせに応えるお客様相談室を設置しました。もちろんフリーダイアルです

▶

当社製品の**3**つの特徴

コスト パフォーマンス	▶ 驚異的な処理スピードを実現したことにより従来製品にくらべ低コストでよりたくさんの書類を処理できます
デザイン	▶ 人間工学に基づいたフォルムの採用で使いやすくなりました
アフター サービス	▶ 24時間お客様からの問い合わせに応えるお客様相談室を設置しました。もちろんフリーダイアルです

資料50　目に飛び込むレイアウト

営業企画室の役割

営業企画室の役割は、
販売店と商品企画部との間で

1）販売店からの市場情報の吸い上げ
2）分析結果の本社へのフィードバック
3）本社方針に基づき各販売店の売上目標の提示
などをすることです

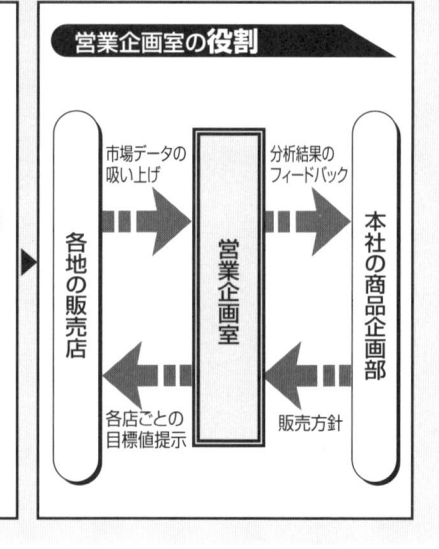

▶

営業企画室の**役割**

各地の販売店　⇨（市場データの吸い上げ）⇨　営業企画室　⇨（分析結果のフィードバック）⇨　本社の商品企画部

本社の商品企画部　⇦（販売方針）⇦　営業企画室　⇦（各店ごとの目標値提示）⇦　各地の販売店

すぐに彼の部署とその役割が整然と頭に浮かぶ人は、まずいないでしょう。
　それに比べて右側のチャートは明らかに部署の機能を理解し、その役割が目に見えるようレイアウトされています。各地の販売店と本社商品企画部の間に入って、市場データを吸い上げたり、分析結果をフィードバックしたり、販売方針を立てたり、という役割が即座に理解されます。
　自分の言いたいメッセージや、話したい中身自体をビジュアル面でわかりやすく描くことの重要性が、このような事例からもおわかりいただけると思います。こうして1枚のチャートによって相手に的確に伝わったメッセージが、組み合わされることによってその1つ上のメッセージを支え、さらに最上部にあるキーメッセージが的確に伝わるわけです。

　　チャートを描くことは、発想にも役立ちます。絵として整理する中から発想のヒントが生まれることはよくあります。以前お米の卸売をしている会社のコンサルティングをしたことがあります。お米の流通経路は複雑であることは知っていたので、まずそれを教えていただいた所、農家→農協→経済連→全農→卸→小売→消費者というのが基本パターンであると教えられました。「よく自主流通米とか、闇米とか言われる物はどこからどこに流れるのですか」と聞くと、上の流れに加えてさらにいろいろな矢印を引いて説明してくれました。ところが農家と消費者を直接つなぐ矢印は引かれなかったのです。「将来は、農家から直接消費者に流れる、ということもあり得るんですか？」と聞くと、経営企画の方はちょっと顔を曇らせて、将来はあるんでしょうねえ。とおっしゃいました。絵を描いて整理していると、こんな可能性はないのか、ここはどうなっているのか、と疑問や発想が湧いてくるものです。

◎……チャートの分類

　表現の手法にはいろいろありますが、チャートを大別するとグラフィックなタイプとテキストベースのタイプに2分されます。グラフィック・タイプ

は、さらに分析的なものと概念的なものに分けられます。分析的なものは定量分析的なものと定性分析的なものに分かれて、定量分析的なものは1次元と2次元のグラフに分けられます。3次元グラフはあえて外しましたが、筆者の経験上、立体的な3次元で表されるグラフは雨量グラフのように高さが比較しづらく、理解を助けるというには難があります。エクセルなどパソコンソフトが普及して、容易に使えるようになったため、データをとかく入力して3次元化したくなるわけですが、筆者には3次元グラフの利点は思いつきません。2次元で見やすく工夫する方が、はるかに高い効果が望めます。

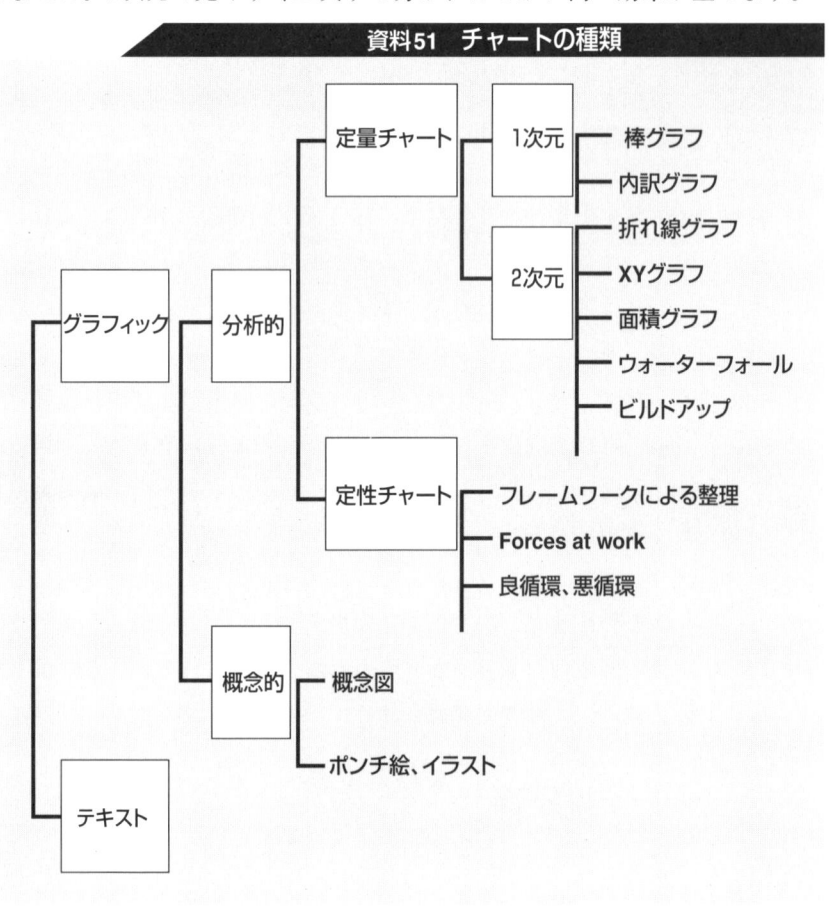

資料51　チャートの種類

```
グラフィック ─┬─ 分析的 ─┬─ 定量チャート ─┬─ 1次元 ─┬─ 棒グラフ
              │           │                 │         └─ 内訳グラフ
              │           │                 └─ 2次元 ─┬─ 折れ線グラフ
              │           │                           ├─ XYグラフ
              │           │                           ├─ 面積グラフ
              │           │                           ├─ ウォーターフォール
              │           │                           └─ ビルドアップ
              │           └─ 定性チャート ─┬─ フレームワークによる整理
              │                             ├─ Forces at work
              │                             └─ 良循環、悪循環
              ├─ 概念的 ─┬─ 概念図
              │           └─ ポンチ絵、イラスト
              └─ テキスト
```

◎……チャートの基本構成　　　　　　　　　　資料52

　グラフィック・チャートの基本的な作り方ですが、まず1番上にそのページで言いたいメッセージを1行（多くとも2行以内、文字数で40〜50字以内）で書きます。そのメッセージは当然のことですが、全体のピラミッドの中の最下層部をささえるメッセージの1つであるはずです。（1枚1枚が全体のキーメッセージを支えていることはいつも意識してください）

資料52　チャート（資料やグラフ）を作るポイント

メッセージ：そのページで言いたい主張・結論を簡潔に述べる（60〜70文字が限度）

売上の2割を占める商品AがEBITの8割に貢献している

タイトル：商品別貢献利益

(%)

単位：繰り返し使われる単位は、ここに書き出しておき、表やグラフの中には書かない

商品B　80　　20
商品A　20　　80
　　　　売上　EBIT*

＊ EBIT=Earnings Before Interest and Tax payment
出所：帝国データバンク

用語解説：表やグラフの中に書き込むとうるさくなる情報は欄外に書き出す

データの出所：自分の記憶の補助のためにも必ず記入する

資料52を見ると、この会社では売上の2割を占める商品が、EBITの80％に貢献していることがわかります。そこで、このグラフには『商品別貢献利益』というタイトルを付けることにします。グラフのタイトルは、メッセージそのものの要約（サマリー）、あるいはメッセージの"顔"ともいうべきものなので、スッキリと簡潔に、シャープに決めてください。さらに、「EBITで80％って言うけど、EBITってなんだ」という疑問が当然予想されますから、EBITには用語解説をつける。そして、データの出所や単位の記載を忘れないようにします。チャートの中に、Earnings Before Interest and Tax paymentなどど書いてしまうとごちゃごちゃになってしまいますので、このような長い言葉は省略形で書いておき、印をつけて欄外に省略しない形で書きます。また、共通の単位なども外に出しておきます。

グラフィック・チャートの場合は基本的にメッセージが書いてあって、そ

資料53　テキストチャートの悪い例

本日のプレゼンテーションの概要

・現状の分析
・課題の抽出
・米国の課題
・欧州の課題
・アジアの課題
・課題解決に向けた施策
・米国における施策
・欧州における施策
・アジアにおける施策
・今後のプロジェクト体制
・社内体制
・社外との協力関係
・投資予測
・期待成果

のメッセージをサポートするようなデータやわかりやすい絵がその下に配置されます。これが、グラフィック・チャートの基本構成になります。

　私が働いていたコンサルティング会社では、メッセージ、タイトル、グラフ、出所・出展を書く場所が薄く印刷されている用紙を使っていました。コピーしても写らないよう、緑色で印刷されていました。これにそって書くとバランスのよいチャートが誰でも作れるわけです。

　一方、テキストチャートの場合は、とにかくたくさん並べないことが基本です。文字列がたくさん並んだ瞬間に、人間の頭は拒絶します。**資料53**を見てください。一目見た瞬間、目を逸らしたくなります。どうせ頭に入らないから無視しておこうと思うはずです。

資料54　チャート（テキスト）

たいていの場合、ポイントは3つ以内にまとめられる。
だらだら書かないこと

プレゼンテーションを成功させるには**6つのポイント**がある

プレゼンテーションのコツ

POINT❶　声に出して練習しておく（リハーサル）
　　　　●発表場面のイメージング
　　　　●時間配分の妥当性をチェック
POINT❷　最初に全体像（プレゼンの目的、章立て、時間など）を与えて、それからスタート
POINT❸　相手の理解度に合わせて進行
　　　　～スピード、説明の濃淡
POINT❹　1枚1枚のチャートを説明するときに何が言いたいのか明確に
POINT❺　軸の説明も丁寧に
POINT❻　チャートを取り替える間のつなぎをスムーズに

●事前の準備
　・声に出して練習
　・発表場面のイメージング
　・時間配分のチェック
●当日の注意
　・全体像を与えてスタート
　・相手の理解度に合わせて進行

統計データ集などですと、とにかくデータを網羅的に集めるのが使命ですから、目次がこのようにたくさん並んでも仕方ありませんし、より詳細に書いてあったほうが目的の資料を探し出すのに便利ですからよいのですが、プレゼンテーションのためのチャートで、網羅的に書かれてはたまりません。目次にこれだけタイトルが詰め込まれているだけで、もう全然頭に入ってきません。よく言われることですが、たくさん並べてしまったときには、頭を冷やしてもう一度見直し、3つくらいにまとめるとよいのです。
　資料54に進みましょう。このチャートでは、プレゼンテーションを成功させるために気をつけるべきことが6点挙げられています。
　しかしよく読んでみると、書いてあることのレベル感が違う。大きな話もあれば小さな話もごちゃまぜに書かれています。このような整理されていない状態は、聞き手にとってもわかりづらいわけで、話し手側がまずは整理することが重要です。
　もう一度資料の左側部分をよく読んでみると、要するに「事前に準備」しておくことと、「当日何に注意したらいいか」という2つのパートに分けられることが解ると思います。従って、「"事前の準備"と"当日の注意"という2点に分けてお話ししたいと思います」と最初に大分類を知らせます。すると、「ああ、何か2つの話なんだな」という引き出しが、聞き手の頭の中にできるわけです。それで、細部の話に入っていけば、あとになって話の細部は忘れてしまっても、核心となる2つの話くらいは覚えているものです。「そういえば、何か事前にやっておくことと、当日の注意とかいうものがあったなぁ〜」と、要点だけは聞き手に残ります。とりあえず、たくさんのメッセージが並んでしまった場合には、その項目を注視して、2つ3つのメッセージにまとめることを習慣づけるようにしてください。従って、**資料53**などはだらだらと目次を並べてしまった悪い例になります。

　レベルを揃えるということは重要なことですが、そもそも「レベルを揃える」とはどういうことでしょうか。たとえば、米国、日本、イギリス、

フランスと並んでいたら、これは国を並べたことがわかります。しかし米国、イギリス、フランス、ベルリンと書かれていると、国の名前の中に、都市名が混ざっていることになります。要するに列挙されたものが何であるか、ラベルを貼れる状態がレベルが揃っている状態です。

◎……チャート作成のコツ／失敗事例と添削例

＊基本事項

実際に1枚1枚のチャートを作成するとき、どういう点に気をつけたらいいのでしょうか？　ここでは、「各チャートについて気をつけるべき点」について述べてみましょう。

＊MECE（ミーシー）感のないチャート

まず、1枚1枚のチャートについて言うと、MECE感を持たせることが重要です。別の言い方をすれば、全体感の持てるチャートを描くことです。ミ

資料55　MECE感がない（全体感がない）

当社の経費削減の取組み

・人件費を20％カット
・地代家賃を10％カット
・通信費を8％カット

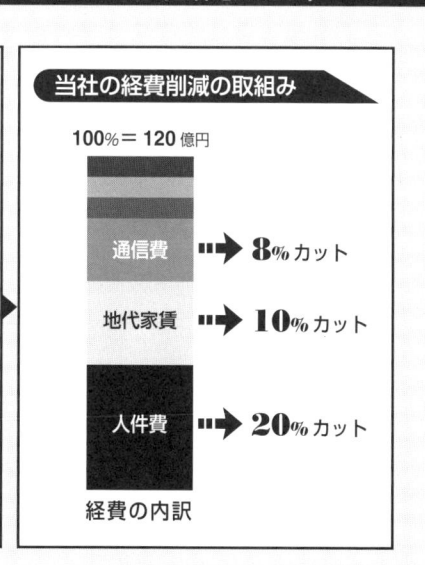

▶

当社の経費削減の取組み

100％＝120億円

通信費　➡　**8**％カット
地代家賃　➡　**10**％カット
人件費　➡　**20**％カット

経費の内訳

ーシー感のないチャートの例が**資料55**の左側の図です。問題点を整理してみましょう。この図では、「当社の経費削減の取り組み」が採り上げられています。「私どもの会社はいま人件費を20％カットすることを目標に頑張っています。地代・家賃を10％カットすることに取り組んでいます。通信費は8％カットします」と言うと、何かそれらしく思えますね。

　一方、「なんで、人件費と地代・家賃と通信費を選んで採り上げたのだろう？」という疑問も浮かんできます。「ほかに重要な費目はないのか？　どうしてとくにこの3つの費目なんだろう？」と、さらに疑問が深まるわけです。

　問題点の所在を明確にするには、**資料55**右側のグラフのように、まず経費の全体像を示す。「当社の経費の内訳は大体こういう比率になっていて、人件費と地代・家賃、通信費が7割を占めています。ここをいかに削減するかという点が、直面する大きな課題になっています。私たちはこれに対して数値目標を掲げ、経費削減に取り組んでいるところです」。

　こう言えば「ああ、だから3つの費目に絞ったのか」と納得が得られるのではないでしょうか。

　相手の注目を惹くために項目を並べ上げたとき、その並べた項目が全体の中の一部だとしたら、なぜその項目を選んだかの理由づけをはっきり述べることが必要です。それを怠ると、オーディエンスには細々とした疑問が湧いてきてしまいます。

＊意味のない「軸」を持つチャート

　一般的に言うと、チャートというのは平面図ですから、縦軸と横軸とで表現します。しかし、往々にして「意味のない軸」を使っているチャートを見かけます。

　資料56の左図を見てください。ここで言おうとしていることは次のような内容です。「横軸は時間軸です。これからの作業についてお話しします。まず、10月中にニーズのヒアリングをさせていただき、その後に仕様書の詳細を作ります。それをユーザー部門に転送、プログラムを作成し、テスト

を行い、12月末には本格運用に入るという流れで考えています」。グラフ内の各要素が、意味もなく上から下にいったり、下から上に行ったりしているのに、プレゼンターは何の疑問も感じていない。「これは何か縦軸に意味があるのですか？」と問えば、おそらくしどろもどろになってしまうでしょう。

縦軸に意味がないのなら、たんに一列にきれいに並べればいいことです。**資料56**の右図を見れば、担当する部署、あるいは責任を持つ部署の違いを縦軸に明示してあります。これで、「縦軸」を設けた意味が出てくるわけです。「ああ、この作業はうちの部署の仕事で、ここは向こうが責任を持つ仕事なんだな」と責任分担がはっきりとわかります。空間を埋めるために、意味のない軸を作ることはやめましょう。

資料56　意味のない軸の存在

＊メッセージと中身が違うチャート

言おうとするメッセージと中身とが整合していないチャートもよく見かけます。**資料37**の例など典型的でしたね。「これからこの市場は有望である」

とメッセージが掲げられているのに、過去のデータしか示されていない、という風に。

資料57を見てください。ここでのメッセージは「業界は1強4弱になった」というものですが、どう見ても2強3弱にしか見えません。「あれ？ A社も善戦しているじゃないか」と疑問を感じます。トップ企業が、自社の優位性を必要以上に強調するためのメッセージなのか、と思ってしまいます。

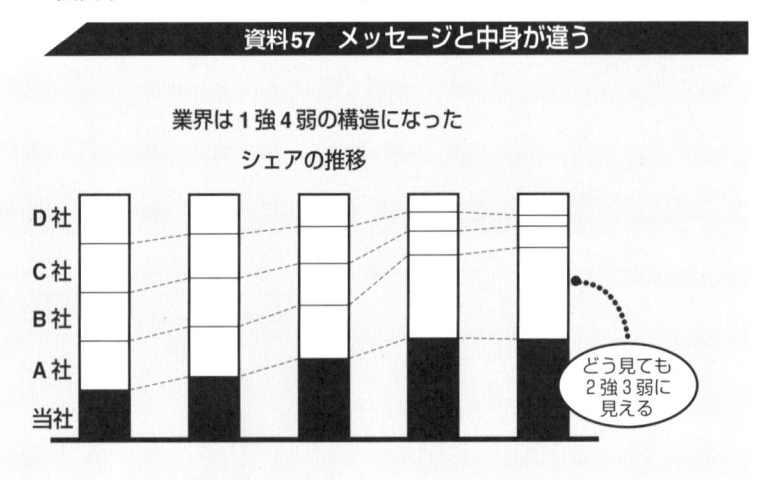

資料57　メッセージと中身が違う

業界は1強4弱の構造になった
シェアの推移

どう見ても
2強3弱に
見える

メッセージとチャートの中身が違うということは、メッセージに修正が加えられていたり、「ある意図」を持ってメッセージが書かれている可能性があるわけです。これでは、オーディエンスは疑念を抱いてしまいますので、メッセージとチャートの中身が不整合にならないよう、念入りにチェックしてください。どうしても1強4弱であることを示したいのであれば別の指標を取り上げる方がよいかも知れません。

＊「図形」「記号」利用の下手なチャート

チャートの中で図形や記号を工夫して使い分けると、とても表現の幅が広がります。チャートを美しく「レイアウト」するセンスは、まちがいなく効果的なチャート作成につながります。

Ⅱ　説得的プレゼンテーション

　図形や記号の使い方に工夫がなされていないと、**資料58**左図のようなチャートになります。ここでは、「仮説の設定→市場の調査→結果の分析→ニーズはあるのか→商品コンセプトの開発、という流れで当社の商品開発が行われている」という内容が記されています。ニーズがないということがわかったときは、また「仮説の設定」に戻る、というフィードバックも示されています。

　つまり、実はこのチャートの内容としては、「作業している場面」と何かを「判断している場面」に分けられるということに気づくわけです。ここで、**資料58**右図を見てください。「□の記号は作業項目です」、「◇は判断項目です」、というように図形に最初から意味を与えて書いておけば作業プロセスが一目瞭然でわかります。「ああ、3つぐらい作業をやったあとに判断して、そこから最終的なプロセスに進むんだな」という作業の全体構造が頭に入りやすい。

　図形の使い分けにこだわることは、見やすくわかりやすいチャート作成に

資料58　資料形や記号などが効果的ではない

つながりますので、「図形」「記号」の使い分けには細心の注意を払ってください。工夫のあるチャートと工夫のないチャートでは、それを使うプレゼンテーションの効果に天と地ほどの開きが出ます。

＊表現の不統一が目立つチャート

チャートを作るときに、グラフや図表とテキスト（文章）が組み合わされることもあります。もちろんビジュアル面（グラフや図表）の重要さはいうまでもないことですが、テキスト部分にも注意を払ってください。テキスト部分に表現の不統一が目立つチャートがよく見受けられるからです。

資料59左図を見てください。「私の部署の役割」というタイトルのチャートです。基本的にスタイルが揃っていません。財務諸表の収集のあとに"月次"という言葉がついているのに、他の項目では時間枠を示す四半期や半期の言葉が、文頭に置かれるなど一貫性がありません。

また、3つの文の文末が「収集」「レビュー」「指導する」といった具合に、日本語と英文が混ざっていたり、動詞止めと体言止めが混交していたり、見

資料59　表記の不統一が目立つ

私の部署の役割

- 関連会社からの財務諸表の収集（月次）
- 四半期ごとの業務効率レビュー
- 半期ごとに経営改善を指導する

私の部署の役割

- 関連会社からの財務諸表の収集（毎月）
- 業務効率の見直し（四半期ごと）
- 経営改善の指導（半期ごと）

・日本語と英語の混在
・動詞止めと体言止めの混在
❗ **ここが問題だ!**

た目が雑でプロフェッショナルな感じがまったくしないチャート作りになっています。

一方、**資料59**右図を見れば、表現が統一され、シンプルでわかりやすくなっていることがわかると思います。

◎……オーディエンスを迷子にさせないために

長いプレゼンテーションでは、しばしばオーディエンスが「今何の話だったかな、今全体の中でどのような位置付けの話を聞いているのだろう」という疑問を持つことがあります。そのようなことを避けるテクニックとして、チャートにある記号を入れることがしばしば行われます。ビジュアル作成の最後にこのテクニックについてお話します。

たとえば、戦略の話をするにあたって、自分が3C分析をしたことを最初に話し、Customer, Competitor, Companyのそれぞれの分析結果を順番に示していくようなプレゼンテーションを想像してください。このとき資料

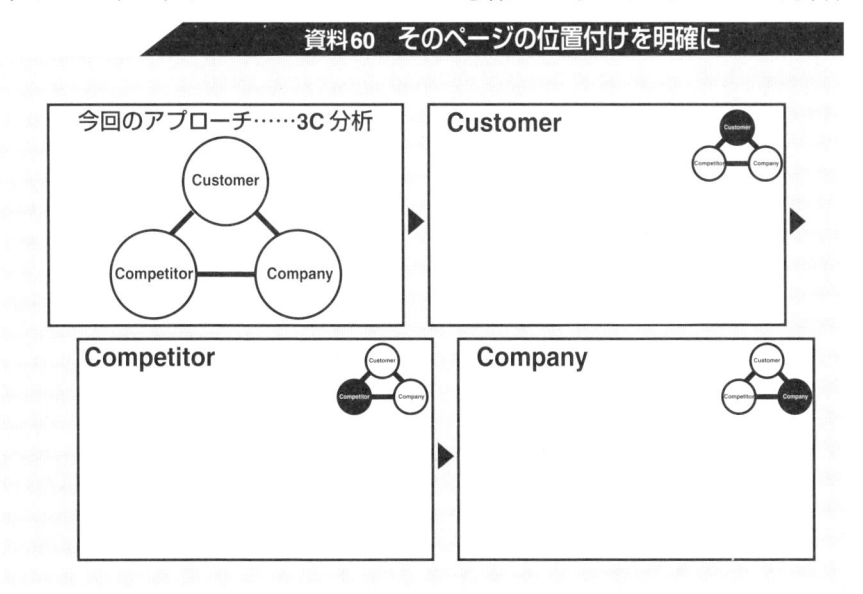

資料60　そのページの位置付けを明確に

60のように資料を作るのです。すなわち、まず最初のページで3Cの絵を書きます。そしてその絵柄を縮小したものを次ページ以降必ずプレゼンテーションのある場所に貼り付けるという方法です。このようにすることで、「自分は今3Cの分析結果を聞いているんだ。そうか、今はその中のCustomerの話なんだな」と自分のいる場所が確認できます。

◎……組織としてのレベルアップ

　さて、以上のようなことに注意しながら、プレゼンテーションの資料作りに励めば、1人ひとりのスキルは上がります。その一方で、よく相談を受けるのが会社全体としてのスキルをどう上げていくかということです。
　本書冒頭に「プレゼンテーションの機会が多くなり」「企業内部でもプレゼンテーションのための資料作りの機会が増えている」というようなサマリーをしました。問題解決、事業立案、商品開発などなど、プレゼンテーション能力のレベルアップが、企業競争力を強化することに直結する、という可能性は高いわけです。顧客に対する提案の機会を増やし、また機会が得られたときは非常に高い確率で受注につなげていきたいと考えていらっしゃる企業は多いのではないでしょうか。
　組織的なスキルを上げていくためにはどのような方法があるでしょうか。

＊データベースの共有＆専任チェッカーの配置

　1つの解決策は、データベース化による共有です。すなわち出来のよいプレゼンテーション資料を社員がアクセスできる場所に保管し共有化させるというアプローチです。
　非常にプレゼンテーション資料作りのうまい社員がおり、その人が自分のノウハウの開示に積極的であればうまくいく可能性があります。
　営業の人の中には、とくにお互いが業績を競い合っていてボーナスの取り分が相対的な実績で決まるような場合には、自分のノウハウを開示したがら

ない人もいます。また、これもよくあるケースですが、他者に開示できるものはどんどん開示するように働きかけても、自分では自分のノウハウを高く評価していないために、こんなものを開示しても役に立たないのではないかと考えて出さない方もいます。一方、プレゼンテーション技法のなかには、慣習化された非効率な要素や、悪いテクニックなども含まれるので、共有化を避けた方がよいときもあります。

　以上のような場合に有効な解決策は、社員がバラバラに保有しているノウハウを吸収して、加工し、一般社員に伝える専門家をおくことです。顧客に提出したものはすべて1か所に集め、その上で専門家が1つひとつをレビューし、いいとこ取りをしたり、特殊な要素は排除したり、他者にも使いやすいように書き換えてデータベース化する、というアプローチです。

　以前ある会社の営業強化のために実行し一定の効果が見られたのですが、提案の雛形を数パターン作り込みデータベース化して使ってもらう、というのも1案です。

　筆者が属するようなコンサルティング業界では、守秘義務の関係から、ある会社に対して行ったプレゼンテーションの内容は、同じ会社の中でも簡単に共有化することはありません。しかし、よく使う分析チャートの雛形のようなものを共有化するのは、単にプレゼンテーションのスキルを底上げする以上の意味があります。初心者でも分析のパターンが身につき使えるようになるからです。

　また、専門家をおくという点では、コンサルティング会社は一歩進んでいるかも知れません。マッキンゼーでは、コンサルタントがクライアントに対してプレゼンテーションを行う前に、2人の専門家のチェックを受けます。1人はエディターと呼ばれる人で、論理とストーリーをチェックします。もう1人はビジュアル・エイドと呼ばれる人で、1枚1枚のチャートの表現手法をチェックする人です。効果的プレゼンテーション技法のスキルアップを組織的に行っているという印象を受けますし、実際、私はこういう支援部隊の方々を通じて実践的なスキルを身につけたのです。

顧客に対してプレゼンテーションすることが極めて重要なのであれば、このような専門部隊を抱えるのは決して無駄な投資ではないと思いますが、残念ながら、このような仕事を任せられる方はそんなに多くはないと思います。

◆演習：長文をビジュアライズする／ロケットの往還問題

ビジュアル作成のパートの最後に、文章を絵で表す練習をしてみましょう。

資料61はあるテレビ番組で出されたなぞなぞです。この問題はなかなか難しいのですが、時間のある人は解答を見ずに考えてみてください。さて問題は、なぞなぞを解くことではありません。この問題に対する答えを資料62に示しました。非常に長い文章ですが、文章にしたがって順序よく絵を描きながら確かめると、なるほど14時間以内に4機のロケットを月に運ぶことが可能であることがわかります。

しかし、この文章はいかにも長く、わかりづらいかと思います。そこで、一目で「なるほど14時間以内に4機とも月に運べるんだなあ」とすぐにわか

資料61　なぞなぞ

- 地球と月の間を飛行できるロケットが4機あるとします。
- それぞれのロケットのスピードには違いがあり、1号機は地球と月の間を1時間で、2号機は2時間で、3号機は4時間で、4号機は8時間で移動できます。
- 今、4機とも地球にあるのですが、2人の飛行士を使って14時間以内に4機とも月に運ぶ方法を考えてください。
- ただし、各ロケットは二人まで乗れるものとし、二人の飛行士はどのロケットでも操縦できるものとします。
- また、乗り換え時間や燃料補充にかかる時間はゼロとします。
- この飛行士たちは宇宙遊泳はできません。

資料62　答え

- 二人の飛行士をAとBとする
- AとBがそれぞれ1号機と2号機で地球を出発する。2時間後に月で二人が揃うので二人一緒に1号機で地球に帰る。（スタートから3時間経過）
- 今度はそれぞれが3号機と4号機に乗って月に向かう。3号機で月に着いたA（スタートから7時間経過）は月においてあった2号機で地球に戻る（9時間経過）
- 地球に着いたAは地球においてあった1号機で、月に戻り（10時間経過）、Bの乗った4号機が到着するのを待つ
- スタートから11時間後に4号機が月に到着する
- 二人で再度1号機に乗り、地球に戻る（12時間経過）
- それぞれ1号機、2号機に分乗して月に向かうと1号機は13時間経過時点で2号機はスタートから14時間後に到着し、4機とも月に揃う

資料63　なぞなぞの解答例をチャート化すると

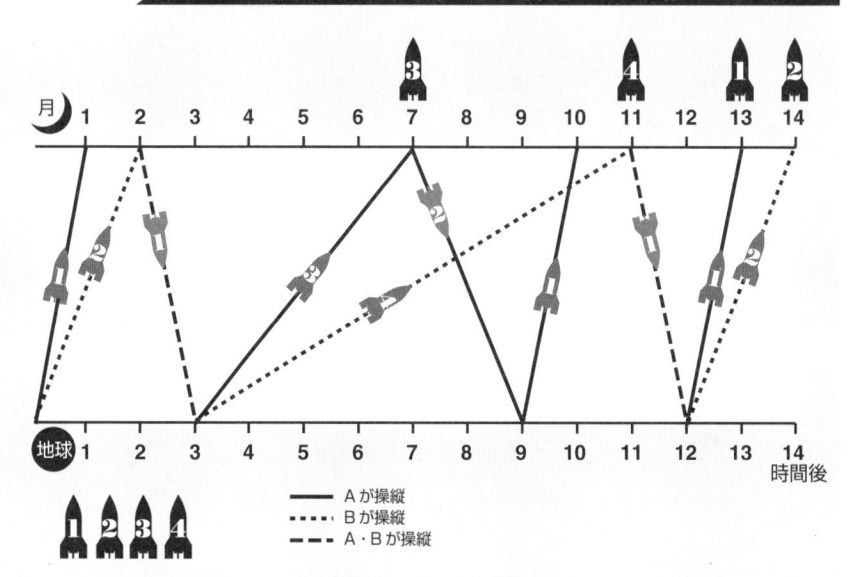

― Aが操縦
······ Bが操縦
--- A・Bが操縦

るように、絵を描いてみてほしいのです。結構クリエイティビティが要求されます。一つの解答例を**資料63**に示しましたが、ぜひこれ以外の方法も考えてみてください。

　ものごとを図形で表現するスキルを身につけるには、実は数多く描いてみるしか方法がありません。しかし、この例でもおわかりいただけるように題材は身の回りにいくらでもあります。私は人の話を聞くときも箇条書きにするだけでなく絵で表現するようにしています。みなさんもぜひ実践してみてください。

CHAPTER III　Delivery

プレゼンテーションの
デリバリー（実施）

高橋　俊介

III-0 勝負チャートが『肝』

　プレゼンテーションのデリバリー（実施）について、これから1～6章にわたり「練習」「準備」「オープニング」「チャート」「スタイル」「討議・エンディング」という流れで解説します。その意図するところは、いかに『ヴァリュー』感のあるプレゼンテーションを実施するか、オーディエンス（聞き手）にヴァリューを理解させるために、いかに明確にキーメッセージをデリバリー（送達）するかという点にあります。

　プレゼンテーションの現場では、一般的にはプレゼンターからオーディエンスにメッセージが伝えられるという、一方通行のイメージがあるかも知れません。しかし、重要な点はプレゼンテーションの場は、じつは極めてインタラクティブ（双方向的）な意思交換の場であるという事実です。つまり、第1ステージのプレゼンテーションがうまく運ぶと、第2ステージの討議の生産性は飛躍的に向上します。一方、第1ステージの出来が悪ければ、その日はどう第2ステージを頑張ってみても、もはや生産性のある討議は望むべくもありません。プレゼンテーションの理想的なデリバリーとは、プレゼンターのキーメッセージを受けて、オーディエンスが活発に討議するという形態にあるわけですから、そのインタラクティビティ（双方向性）は疑い得ないと言えるでしょう。

　後ほど詳しく説明しますが、プレゼンテーションは説明（テキスト）とチャート（ビジュアル）によって構成されます。これを1セットにしたものを『パッケージ』と呼びます。プレゼンテーションを起承転結スタイルで説明していくテキスト部分はもちろん大事なのですが、問題の所在や解決策、問題の構造全体を見通しのよいパースペクティブとともにオーディエンスに提

示するビジュアル部分もまた、プレゼンテーションの現場では大きな役割を果たすことになります。

　プレゼンテーションの実施において、オーディエンスに肝心要のキーメッセージを的確に、かつ一挙に伝えるチャートの重要性が強調されるゆえんです。そこで、良いパッケージの特徴をただ1つ挙げるなら、討議の場面になったときにキーオーディエンスが「ところで、さっきのあのチャートを出してくれるかな？」と、どうしても気にかかるような問題提起を孕んだチャートが含まれているかどうか、ということです。

　討議の現場経験からすると、たった1枚のチャートをめぐって喧々囂々、侃々諤々の議論に突入するケースがあり、実はこういうときにこそヴァリュー感の高いプレゼンテーションが実現することが多いのです。また逆に言えば、そういう価値あるチャートが、必ず含まれているようなパッケージを用意することが、プレゼンテーションの成否を決めることにもなります。

　この価値あるチャートをキーチャート、もしくは「勝負チャート」と呼びますが、大体1時間のプレゼンテーションで2枚は勝負チャートがほしい。よいプレゼンテーションというのは、全体に滑らかに論旨が展開され、淀みないスピーチによって運ばれます。しかし、その中で、フッと立ち止まるような重要な『肝』の部分もあるわけです。

　勝負チャートがないプレゼンテーションは、全体にスーッと流れてきれいに論理構築ができているにもかかわらず、どこか胸をうつ内容がなく、討議も盛り上がりがないままに何となく終わってしまう。これは、論理的には正しいけれども、ヴァリューの低いプレゼンテーションのケースなのです。

　ヴァリューの高いプレゼンテーションというのは必ず荒れるものです。「もう1回、あのチャート出してくれる？」というキーオーディエンスからのリクエストが出るようなチャートが2、3枚はほしいところです。そこで、その他のオーディエンスを交え白熱した議論が展開され、プレゼンテーションの『肝』があぶり出されてくるのです。そのためには、事前の練習段階、準備段階で、「今日の勝負チャートはこれだ！」ということがプレゼンター

にあらかじめ認識されていないといけません。

　全部が全部勝負チャートということはあり得ないんですね。それではメリハリがない。20枚、30枚で構成される1時間相当のパッケージに、勝負チャートが2、3枚あると心強い。勝負チャートの内容自体は、オーディエンスにとって、「ここがポイントなのはわかる。が、今1つすっきりしない」と感じている部分を、スッキリとさせてあげるような視点が含まれていればいいのです。肝腎の論点が1枚のチャートに集約されていれば、それを見るだけでもキーオーディエンスはスッキリするんですね。

　オーディエンスが意思決定する際に、とりわけ重要となるポイントを衝いてあげる、整理してあげる。いままでの分析ではなかなか出てこなかったような問題点を、新たな分析手法により鮮やかに浮かび上がらせる。問題を整理し、余分な部分を刈り込んで、明解にする軸を提示するだけでもいいのです。新しい形の分析、新しい事実、新しい軸、新しいフレームワーク。なんでもいいのですが、問題の所在を明らかにし、その解決への道筋を指し示すような"肝心な論点"を含んだチャート、すなわち勝負チャートの発見こそが、プレゼンテーションをめざましく効果的にすることは、筆者の経験から言って疑い得ない真実なのです。

Ⅲ-1 練 習

　プレゼンテーションには必ず練習が必要です。ぶっつけ本番ということはあり得ません。実際にプレゼンテーションを行う場面を想定した"実演練習"を、反復して行うことが重要です。反復練習によって、まず、行うべきプレゼンテーションの全体ストーリーを頭の中にたたき込みます（ストーリー把握）。

　次に、実際にプロジェクトに参加する以外の人物、部外者に対してプレゼンテーションを行い、批評を受けた方がいいでしょう。思いがけぬ視点からの有益なチェックポイントが指摘されるはずです（部外者評）。

　最後に、実際のプレゼンテーション通りに実演している場面をビデオ録画し、それを繰り返しチェックするビデオ練習が有効です。自分の目を通して、動作・表情・ストーリーの流れをチェックすることができ、また、修正すべきポイントも明確になるからです（ビデオ練習）。

　以上に述べた"3つのタイプの練習"について、以下にディテイルを解説します。

Ⅲ-1-1　ストーリーの把握

　通常、プレゼンテーションを行うにあたって、『パッケージ』と呼ばれる数十ページの資料を作成します。資料は、論旨の展開を文章化したもの、オーディエンスに提示すべきチャート類から構成されています。

　まず重要なことは、論旨の展開つまりプレゼンテーションを通したストーリーを、十分に頭の中に入れ込むことです。ソラで覚え込んでしまうほどに。そのための練習法があります。それは、作成した資料を目の前におき実際に

1ページ1ページ、ページをめくりながら、その内容をブツブツ口に出しながら反芻するという練習です。
　ページをめくるという行為と一緒に、「この1枚で言いたいメッセージはなにか」ということを把握する。ページをめくりながら、身体に染み込ませる、身体に覚え込ませる、といったプロセスです。
　「ここでは、こういうことだよな」といいながら1枚めくり、その次には「ここでこうなる」。そしてもう1枚めくって「ここでこういう風になる」。また1枚めくって「だから、こうだ。こういうわけだ」。次の1枚で「ところで、これはこうだったけど、じゃあこっちはどうなるんだろう？」。文字通り、ブツブツ呟きながら、完全に話の流れが自分の頭に入るまで、何度も何度もそれを繰り返します。役者が台本をチェックしながらセリフを覚え込む作業にたとえられるかもしれません。
　自分の目の前にある資料を、指で1枚1枚めくりながら、全体の流れを確認して、頭の中に収めるという行為が大事なんです。これを、パソコン上で行うことも可能ですが、筆者の感覚としては、それでは何かダイナミズムが欠ける気もします。この作業によって、細かい点はともかく、全体としての大きな流れを完全に自分の頭の中に入れましょう。
　1枚1枚の資料のキーになるメッセージが何で、何を言いたくて、それはどういう順番で、しかも全体はどういう構成になっているのかを完全に把握する。つまり、論理的な構成の把握が重要です。実際に、自分で説明しようと思ってスッと1枚めくって、「ウッ」と詰まってうまく流れなければ、そのパッケージは出来が悪いということです。自分の中で論旨がうまく流れないのに、相手の頭の中にスッと入って行くわけはありません。
　最大のポイントの1つは、論旨（伝えたいこと）がスーッと相手の頭の中に沁み込むように入っていくようなプレゼンテーションを実施（デリバリー）することにあります。論理的プレゼンテーションによって、言いたいメッセージがあたかも砂漠に水を注ぐようにスーッと聞き手（オーディエンス）の頭の中に沁み込んでいく、そういったイメージです。

オーディエンスがプレゼンテーションの内容に全面的に賛成するかどうかは、実はわからないのです。納得性が高いプレゼンテーションが大事ですが、最終的な意思決定とは別のものと考えた方がいい。最低限、プレゼンテーションで注意すべきことは、強引に納得させよう、説き伏せようとすることではなく、プレゼンテーションのプロセスの中で、そこに含まれる分析や駆使されている論理体系によって、説得性を高めなければいけないということです。

プレゼンテーションのテクニックで、脅しすかして説得性を高める手法がありますが、これは姑息な手段でしかない。自分の伝えたい内容が抵抗なくスーッと相手に受け入れられるようなプレゼンテーションを目指すべきです。なぜかというと、往々にして言いたい内容の半分も相手の頭に入らないプレゼンテーションが多いのです。その場合、「やり方（デリバリー）が悪い」「ボリュームが多すぎる」などさまざまな原因があります。

しかし、1番重要なのは、冒頭から述べているようにプレゼンテーションの練習を反復すること。まず、自分の中でスーッと納得すること。「人を騙すにはまず自分から」と言いますが、自分が納得していないものを相手に納得させることはできません。だからこそ、資料を1枚1枚完璧に頭の中にストラクチャーとして組み立て、ブツブツ呟きながら全体の流れをとらえておくことが重要なのです。「こうでしょう、するとこうなります。だから、こうなっていくんです」…自分自身に語りかけるように、そして相手（オーディエンス）に語りかけるように反復練習を行ってください。

特に、プレゼンテーションの当日、直前にもう1回最後にブツブツやってください。全体の構成、流れが確認でき、自信が生まれてくるはずです。

Ⅲ-1-2　部外者によるチェック

自分の中でプレゼンテーションの構成＆流れが把握できたら、実際に実施する前段階で、プロジェクト参加者以外の人物にシミュレーションを行うことを勧めます。これによって、例えば1時間予定のプレゼンテーションが1

時間に納まるかどうかのチェックもできます。

　また、部外者に対してプレゼンテーションの予行演習を行う意味は、プロジェクトを一緒にやってきた人間には見落としがちな、思いがけない「穴」を発見できるケースがあるからです。

　プレゼンテーションの内容を初めて聞く人にチェックしてもらい、「どう、わかりやすい？」「何か問題ない？」「論旨は自然に流れている？」など、批評、コメントを受けることは大事です。実際、体験的に言っても、部外者からは意外なコメントが出てくるものです。

　プレゼンターは当然、「こちらが言いたいこと」ばかりに傾きがちです。要するに、部外者に聞いてもらうことで「あちらが聞きたいこと」「相手にわかりやすいこと」が、具体的になるのです。指摘する相手が部外者だからこそ、プレゼンターにも「ああそうだよな、確かにそう言われてみれば」と目からウロコの落ちる批評、サジェスチョンを受けることができるのです。

　「こちらが言いたいこと」というのは、プレゼンターの熱意だけでは伝わりにくい。オーディエンスの好反応があって初めて、プレゼンテーション内容がスッキリと伝わるとすれば、部外者がどう思ったか、はプレゼンテーションの方向を微調整する上で、有益な情報源となるはずです。

III-1-3　ビデオによるセルフ・チェック

　3番目の練習方法として、プレゼンテーションのデリバリー練習をする際に、普段から自分のプレゼンテーションをビデオに撮って、自分でチェックしながら見るという習慣をつけておくことが有効です。また、特に効果的なのは、プレゼンテーションが巧みな先輩などに一緒に見てもらうといい。時間は短くていいのです。5分でも、10分でもいいから、自分がプレゼンテーションしている場面を録画して、自分自身の目で"客観的""批評的"にデリバリー（実演）の内容を批判・検討する。前述したように、その際に、専門家やプレゼンテーションのうまい人にアドバイスを受ける、あるいは、複数の人に見てもらい多方面から意見を聞くことも、プレゼンテーションのス

キルを磨く上では必要な手順だと言えます。

　批評を聞いたうえで、もう1回テープ撮りしてみてください。同じ自分なのに、歴然とわかりやすくなっていることに驚くはずです。それを2度、3度と繰り返すのです。批評してもらったら、「じゃあ、こう直してみよう」と言ってすぐにもう1回撮ってみる。ここでも、繰り返して練習することが肝心です。以前のデリバリーに比べて明らかにインプルーヴ（進歩）しているのがわかります。そうすると、自分でも張り合いというかやる気が出てきます。これこそ、反復練習の効果なのです。

III-2 準備

　プレゼンテーションを実施するにあたって周到な準備を心がけるべきなのは言うまでもありません。準備の中には、さまざまな確認事項のチェックが含まれます。確認した内容によって、使用する機器や、実施すべきプレゼンテーションのテクニックが異なってくるからです。

　まず、事前にチェックする第1の要素として、「オーディエンスの人数」があるでしょう。プレゼンテーションそのもののプランニングや規模を決定する主たる要因です。また、「どういう人たちがオーディエンスなのか」というオーディエンスの"属性"も事前に確認すべき重要な要素です（オーディエンスの規模・属性）。

　次に、これがもっとも重大な要素ですが、「キーオーディエンスは誰か？」という問題があります。意思決定権をもつキーとなる人物にターゲッティングできないプレゼンテーションは、ほとんど実施する意味さえなくなってしまいます（キーオーディエンスの決定）。　最後に、プレゼンテーションに係わる重要なテクニック上の問題として、「資料をいつ配るか？」という問題があります。人によって事前に渡す、渡さない、一部分渡す等のテクニックはあると思いますが、筆者は「事前に渡すべきだ」と考えています（資料配付の時期）。その理由も含め、以下に詳述します。

III-2-1　オーディエンスの規模・属性把握

　オーディエンスの員数確認が重要なのは、言うまでもなくその規模に機器の選定が係わってくるからに他なりません。たとえば、1対1あるいは1対2といった、非常に親密かつコンフィデンシャルな状況でプレゼンテーションを行う場合には、何も機器を使わないで紙（ペーパー）だけで説明した方が

いいケースもあります。

　これが大規模なオーディエンスを相手にしたプレゼンテーションであれば、当然に場所の設定も大きな会場を選ばざるをえませんし、機器の選定も大聴衆向けに大がかりな音響・表示（AV）装置を必要とします。オーディエンスの数に見合った「場所の設定」「機器の選定」は、最適かつ効果的なプレゼンテーションを実施（デリバリー）するためには欠かすことのできない前提条件＝準備です。

　また、これも重要な要素ですが、「オーディエンスの関心事は何なのか？」というチェックポイントがあります。オーディエンスの関心領域に関するリサーチを事前に行った上で、実施するプレゼンテーションのどの部分（パート）が今回のオーディエンスにとってより高い関心を呼び起こす可能性があるのかを理解し、それをプレゼンテーションに反映させていくというテクニックが重要です。

　非常に重要なプレゼンテーションの場合には、想定問答を準備しておくことも欠かせません。いかにも出そうな質問、あるいは予期しうる反論に対する納得性のある回答を提出することは、オーディエンスのプレゼンターに対する信頼感を一挙に高め、プレゼンテーションの場の雰囲気をポジティブなものに変えます。オーディエンスからいかにも出そうな反応に対し、周到に準備しておくに越したことはないでしょう。

III-2-2　キーオーディエンスの決定

　プレゼンテーションの実施とその成果を決定する要因として最重要なのが「キーオーディエンスが誰か？」というポイントです。つまり今日の主賓は誰か、ということです。もちろん、講演などの場合、全員というケースはあり得ます。しかし、一般的に言ってなんらかの意思決定を促すためのプレゼンテーションであれば、この意思決定のキーポイントになる人が必ず存在します。新製品発売に関する決定であれば、最終的には社長である、というように。

ですから、プレゼンテーションの実施にあたっては「今日のキーオーディエンスは誰だ」ということを、一人に絞るなら絞る。絞り切れなければ、「誰と誰なのか」「どの人達なのか」という点はターゲットしておく。プレゼンターとしては、彼らを徹底的に特別待遇したプレゼンテーションを行う必要があります。

　キーオーディエンスが誰か特定できたら、まず座っていただくポジションとしても、プレゼンターからもっとも説明しやすい場所に席を設ける。それはたとえば、プロジェクターのスクリーンが1番見やすい場所、プレゼンターが1番アイコンタクトのとりやすいポジション、あるいはキーオーディエンスの手元が見えやすい場所、というようなポジションになります。

　のちほど詳しく説明しますが、いまどのページに目を落としているかが、プレゼンターにスッと見える位置にキーオーディエンスが座っていないと、プレゼンテーションを思うままにコントロールしにくくなるからです。座る位置関係をセッティングすることも含め、キーオーディエンスが誰なのか、プレゼンテーション内容にキーオーディエンスをどう引き込んでいくのか、を考えておくことは決定的に重要なキーファンクションとなります。

III-2-3　資料の配付時期

　「資料をいつ渡すのか？」という点も、プレゼンテーションを実施する準備行動として重要です。一般的にはさまざまな考え方があるようですが、筆者はプレゼンテーションの実施に際しては、事前に資料を渡すべきだと考えます。事前に資料を渡すと、オーディエンスが手元の資料ばかり見てしまう、という難点を挙げる人がいます。筆者には、それはプレゼンテーションが下手なのだ、としか思えません。それにオーディエンスに対して不親切でもあります。

　資料が手元にあるにもかかわらず、思わずプレゼンターに目がいく、あるいは表示画面にオーディエンスが見入ってしまうという状態を作り出すのが、話術・動作も含めたプレゼンターの技量なのです。解説するプレゼンタ

ーの顔を見、あるいは表示されたチャート図に頷き、そこで初めて手元にある資料に書き込みをする…オーディエンスの行動をこのようにコントロールするのが経験を積んだプレゼンターの高度なパフォーマンスなのです。

資料を事前に配布しておくことにはさまざまなメリットがあります。実際にプレゼンテーションを行っているのと同じ資料が机上にあることで、進行に即して論旨のポイント、ポイントで書き込みができます。また、当たり前のことですが、オーディエンスにとってはいちいち全部書き写す手間が省け、じっくりとプレゼンテーションに聞き入ることが可能になります。

さらにプレゼンターにとっては、デリバリー（実施）状況を把握＆コントロールする上で、オーディエンスの手元資料が重要な情報源になります。たとえば、オーディエンスがページをめくったり、あるいは前のページに戻ったり、そこに書き込みをしたりという、いろいろな動きを観察することができます。つまり、プレゼンテーション内容に対するキーオーディエンスの、その時点における関心のレベル、どこに関心が集中しているのか、という情報がかなり見て取れるわけです。手元資料がなく、ただ漫然とプレゼンターの方を眺めているというのでは、キーオーディエンスの関心を引きつけているのかどうか判断しにくいのです。資料はプレゼンテーションの内容を語るばかりでなく、デリバリー内容に対するオーディエンスの反応を探るバロメーターになっていることを理解してほしいと思います。

III-3 プレゼンテーションの開始（オープニング）

　いよいよ、実際のプレゼンテーションにはいるわけですが、まず最初に言うべきことがあります。それは今回のプレゼンテーションの目的を明らかにすること、ついでに議論の前提となる条件の確認をします（目的・前提条件の確認）。

　さらにプレゼンテーションをうまく運ぶためのコツとして、まず最初に大枠の方向性をはっきり提示してしまった方がいい、という筆者の経験に基づく方法論があります（キーメッセージの提示）。

　また、大枠の方向性＝結論を提示するプロセスの中で、同時に結論にいたる構成＝ストラクチャーを提示・解説すべきです。それは、結論を導く「道筋」をオーディエンスに明らかに示すことで、議論の先走りや後戻りを防ぐ狙いがあるからです（構成の提示）。以下にプレゼンテーション実施の注意点を述べます。

III-3-1　目的・前提条件の確認

　プレゼンテーションのオープニング時にまず確認すべきことは、今回のプレゼンテーションの目的をはっきりとさせることです。ブレーンストーミングの段階なのか、明確な意思決定を迫るのか、要するに、今日行うプレゼンテーションが、最終的に何を目的とするものであるのか確認してください。

　また、今日行う議論の前提条件がもし存在するなら、それも確認する必要があります。どんなプレゼンテーションであれ、一応、必ず前提条件があるはずです。なぜなら、まったく前提条件がないということになると、議論がいつまで経っても収斂しなくなってしまうからです。

たとえば、「このビジネスは非常に厳しい状況にあるが、ビジネスからの撤退ということは視野におかず、あくまでも現状の形で存続させるとした場合に、どういう形がベストか。今日はこの点について議論したい」。こういった前提条件の確認がなされない場合、議論は紛糾しがちです。なぜなら、前提条件そのものについて議論が百出するという事態に陥り、収拾がつかなくなるからです。ここで挙げたケースに即するならば、「撤退しない」「撤退する」の水掛け論になることは火を見るより明らかです。

議論の迷走を避けるためにも「目的の確認」と「前提条件の確認」は必ず行うように心がけてください。

III-3-2　キーメッセージの提示

プレゼンテーションをスムーズに進めるために、具体的なコツというか、やり方(デリバリー)の秘訣というものがあります。プレゼンテーションを進める過程で、はっきり言って最後の最後まで「要はどっちなんだ」とオーディエンスに気を持たせたり、ヤキモキさせるのは下手なやり口です。

「要するに一言で言えば今日のプレゼンってどういうことになるわけ？」というオーディエンスの疑問に、最初に大枠で答えを与えてしまう。「GOか、NOGOか」の結論については、予めはっきりさせてしまうわけです。そうしないと、「撤退するのか、撤退しないのか、一体どっちを勧めるつもりなんだ！」とオーディエンスはいらいらする。いらいらしてしまっては、その後の論旨の展開に素直についていけるはずもありません。

ですから、今日のプレゼンテーションの基本的なトーン、キーメッセージはこういうことになりますよ、と先に提示してしまう。これによって、オーディエンスはこれから先の議論の展開が気になることもなく、安心してプレゼンターが導く論理のプロセスに身を委ねることができるのです。

III-3-3　構成＝ストラクチャーの提示

前項でプレゼンテーションを始めるにあたって、あらかじめ「手の内を明

かす」＝キーメッセージを提示することが大事だ、と強調しました。この時、同時に大変重要なのは、結論にいたる構成＝ストラクチャーを説明することです。つまり、「今日はこういうお話をして、次にこういうお話に展開し、そしてその上でこういう落としどころを目指しますから」と論旨の展開の道筋を明らかにするのです。

　この手順を踏まないと、途中で「ちょっと待って、これはどうなってるの？」とプレゼンテーションの流れを断ち切るような質問が出がちです。これに対し、プレゼンターが「いや、だから次に出てきますから」などというやり取りを何度か繰り返すようになると、プレゼンテーションの論理の流れはたちまち途切れ、歯切れが悪くなり、デリバリーは滞り始めます。

　ここから引き出される教訓は、『パッケージ』内に構成されているチャートの順番は、キーオーディエンスがもともと知りたいと思うような順番に配列されていなければならない、ということです。キーオーディエンスが「どうしても先の方が気になって、とにかくそっちを聞かないとわからないよ」などと言い出すと、プレゼンテーションは立ち往生してしまいます。当初の構成＝ストラクチャーは、論議が行きつ戻りつする内に解体してしまいます。

　「先に聞きたい」「いや、それはあとから出てきますから」というように、キーオーディエンスとプレゼンターの噛み合いが狂ってしまうのは、最初のストラクチャーの立て方が、キーオーディエンスの関心のある順番になっていないことによるトラブルなのです。論議が交錯して、プレゼンテーションのデリバリーが行きつ戻りつしないためにも、「全体の構成を確認しておく」ことが極めて重要になるわけです。

III-4 チャート展開

　プレゼンテーションを技法的な面から見ると、チャートを見せながら論旨を展開していく、つまりチャートとチャートの間を論理的なスピーチでつないでいく、という見方もできます。それゆえに、1枚1枚のチャートをどう説明するかが重要であると同時に、チャートの組み合わせの中で、アタマと終わり、途中の流れをどうコントロールするかが重要な問題となります。プレゼンテーションにおいてチャートの果たすべき役割は非常に大きく、チャートの説明の仕方、順番を間違えると意図する論旨をオーディエンスに伝えることができません（チャートの説明／ワンチャート・ワンメッセージ）。

　また、チャートとチャートをつなぐ"間"も重要です。筆者はチャートとチャートのつなぎを「接続詞」と呼んで、その重要性を指摘してきました。この接続詞を上手に使うことによって、オーディエンスのアテンション・マネジメントが可能になるからです（チャートからチャートへ／接続詞が重要）。

　また、プレゼンテーションで1つの『パッケージ』をデリバリー（実施）するプロセスには、いくつかの節目があります。その節目、節目で立ち止まり全体構成のリマインドを行うことで、納得性の強いプレゼンテーションを実施することができるのです（節目の確認／全体構成のリマインド）。プレゼンテーション技法において、チャートの使い方は核心的なテクニックになりますので、ケーススタディをまじえ解説を行います。

III-4-1　チャートの説明／ワンチャート・ワンメッセージ

　例えばここにX軸Y軸のグラフがあるとします。顧客企業との取引額がX軸に示され、当社の利益率がY軸に示されます。このグラフ上にいくつかの

プロットが印字され、それをつなぐとグラフ上ではあるカーブが表示されます。

仮にこのカーブが表すメッセージを「取引が大きすぎず小さすぎず、中ぐらいの顧客が実は当社にとってもっとも収益性が高い」「年間売上で1億から10億クラスの顧客が当社にとってもっとも利益率が高い」という内容だったとします。これがグラフを示してプレゼンターが言いたいメッセージ、内容です。

ここで、このチャートをオーディエンスの前にパッと出したときに、どういう順番で新しいチャートを説明するかということが、極めて重要です。つまり、プレゼンターが言いたいことと、そこでオーディエンスが理解したい順番というのは違う可能性がある。

よくあるパターンは、パッと新しいチャートを見せてプレゼンターが「いいですか、このチャートをご覧ください。要は中規模のお客さんが一番儲かるんです。大きすぎても小さすぎてもやっぱり駄目なんですよ」というキー

資料64　顧客別収益性分析

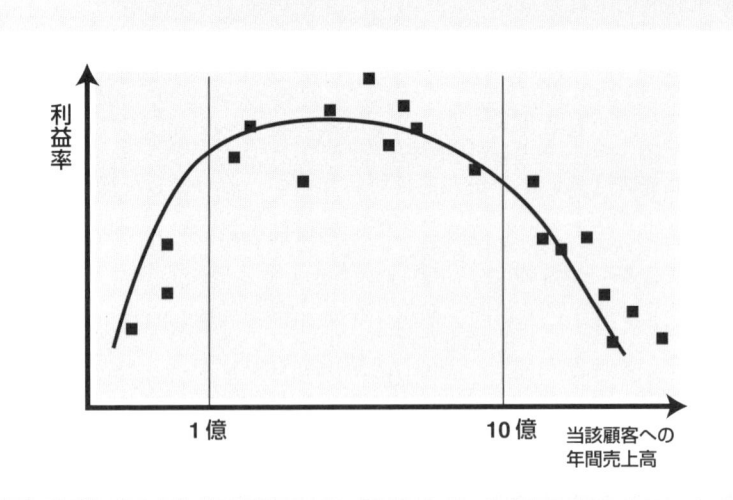

メッセージを、ついつい言いたくなってしまう。これはマズいんです。

なぜかというと、普通新しいチャートをバーンとプロジェクターで見せられたときに、それを初めて見るオーディエンスはまずどこに着目するかというと、「このチャートのX軸Y軸はなんなの？」ということなんです。ですから正解は、最初に「ちょっとこのチャートをご覧ください。X軸は〇〇でございます。Y軸は△△でございます。そして御社の××営業所を中心に20社の顧客企業の売り上げ分析を、このX軸Y軸にプロットしました」と説明すれば、オーディエンスがまず知りたいグラフの性格・位置づけがはっきりします。

そこでダメを押すように「ごらんのようにこのようなカーブで分布していますよね。ということは、やはりなんといっても1億から10億の中規模の顧客がもっとも御社にとって収益性が高いということが言えるわけです」という順番に説明しなければいけない。

つまり、そうやってオーディエンス1人ひとりが「これはX軸で、これがY軸、ああそういうことか、それでこう分布しているんだな。ということは確かに結論通りだ」と、一般に人間が考える順番どおりにチャートを説明しなければならないのです。オーディエンスが初めてチャートを見たときに、その人がどういう順番でものごとを考えるかを推測し、その順番通りに説明してください。

そして、最後に「ということなので」と言ってキーメッセージをドンと伝える。これが「ワンチャート・ワンメッセージ」といわれる原則で、つまり1つのチャートで1つのメッセージを言い切るわけです。これが、1枚1枚のチャートについて説明する場合のオーソドックス、かつ効果的な説明の仕方なのです。

III-4-2　チャートからチャートへのつなぎ／接続詞が重要

「ワンチャート・ワンメッセージ」が1枚1枚のチャートを説明するときの原則だと述べました。次に、チャートからチャートへのつなぎが重要になっ

てきます。この"つなぎ"のことを筆者は『接続詞』と呼んでいます。実際のプレゼンテーションをデリバリーするときに、じつはこの接続詞が重要になってきます。

　基本的には、プレゼンテーションの枢要な技術にアテンション・マネジメントがあります。アテンション・マネジメントこそ、プレゼンテーション成功の鍵を握っている、と言い換えてもいいでしょう。プレゼンテーションが長くなると、オーディエンスはどうしても注意力が散漫になる。どれだけキーオーディエンスのアテンションを惹きつけ続けられるかが、プレゼンテーションのキーになります。

　そのためには、まさに映画のストーリー展開のように、オーディエンスが「なるほどこうだよな」と思ったら、ちょうどよいタイミングで次に聞きたいことがプレゼンターからスッと出てくる、という形が理想的なわけです。

　たとえば何か1つのメッセージを言います。そこでパッとそのチャートは終わるわけです。ワンチャート・ワンメッセージですから。そこで1番良くないのは、すぐ次のチャートをオーディエンスに見せてしまうことなんです。

　次のチャートに行ってしまっているのに「今のチャートはこうでしたけれども、ああでこうで、今度のチャートはこういうことになります」。このチャートとチャートの間をつなぐ説明を「接続詞」と呼んでいるのですが、ここでの接続詞の使い方は非常にマズイ。次のチャートを見せてしまってから接続詞を使っていたんでは、プレゼンテーションに効果を発揮しません。

　なぜなら、オーディエンスは新しいチャートが出たらその瞬間にそちらに目が行ってしまうからです。あるいは下を向いているかも知れない。手元資料に照らして、順番を確認しているかも知れない。

　ですから、接続詞の使い方としては、現在のチャートのままで、あるいはむしろ今のチャートは外し、次のチャートにいく前に接続詞を説明してください。オーバーヘッドプロジェクターを使っている場合なら、前のチャートを外して白地の画面のままで接続詞を説明してください。接続詞の使い方というのは、オーディエンスの「納得感」を引き出すテクニックの1つです。

例えば、「今のチャートは顧客別の収益性のグラフでした。でも、テーマは収益性だけではないはずです。問題はこれからの顧客の将来性です。どういう顧客がわれわれにとって、今後将来性があるんでしょうか」と、ここまでが"接続詞"です。するとオーディエンスは「そうだよなあ、将来性が問題だよ」と反応を示します。「では、このチャートをご覧ください」といってスッと新しいチャートが出てくると、「どれどれ」とオーディエンスは惹き込まれてくるわけです。この、オーディエンスの好反応を引き出す説明の仕方、チャートとチャートの間をつなぐブリッジが「接続詞」なのです。

この接続詞が効いていれば、「次のチャートはこれこれで、こうなっています。だから将来性についてはこのように言えるのではないでしょうか」というプレゼンターの解説に、「うんうん、なるほど」というオーディエンスの"納得感"が醸成されるわけです。

III-4-3　節目の確認／全体構成のリマインド

1枚1枚のチャートについては、ワンチャート・ワンメッセージで伝える内容を言い切る。チャートとチャートのつなぎでは、接続詞をうまく使うことでオーディエンスのアテンション・マネジメントを行う…これがプレゼンテーションにおいてチャートをフルに使い切る極意だと説明してきました。ここで、もう1つ重要なテクニックに『全体構成のリマインド』という手法があります。

前項のケースワークを続けますが、「将来性が問題だ、ということで、ひとまずここまでのところをくくりますと」と言ってある区切りになったときに、全体構成のリマインドを行います。これは、1枚1枚のチャートの説明が何枚か進み15分か20分経った時点で、「今まで申し上げたことをまとめますと、要するにこうなりますね」と、オーディエンスに確認を求めることです。「これで、最初に申し上げた全体説明の第1部が終わりました。顧客の将来性については共通理解が得られたと思います。では、次に第2部として市場がどうかという点を、典型的な3Cを例に挙げながらテーマにします。

そういう1対1で競合しているような市場に対して、どのようにアプローチするのか。これからちょっとそのお話をします」。

　このように、オーディエンスの注意をリフレッシュするために、15分から20分に一度、論旨の小さなまとめを繰り返していくのです。これが「節目の確認」です。1枚1枚のチャートをどういう順番で説明するのか。また、1枚のチャートから次の1枚にいくときに接続詞をどう使ってアテンション・マネジメントを図るか。そしてさらに、時々節目節目になるとリマインドして、全体の構成のレベルにフッと顔を上げさせる、目線を上げさせるようにする。この繰り返しがプレゼンテーションのプロセスであり、こうすることで全体の説明がオーディエンスの頭の中に沁み込むように入っていくわけです。

III-5 プレゼンテーションのスタイル

　先にアテンション・マネジメントの重要性について述べました。オーディエンスのアテンション・マネジメントを完全に行うことが、プレゼンテーションを成功に導く鍵であることは事実です。しかし、往々にしてオーディエンスは気紛れです。一定時間、オーディエンスをプレゼンターのパフォーマンスに集中させるのは、通常考えるよりはるかに難しいことなのです。

　ここでは、アテンション・マネジメントを上手に行うためのプレゼンテーション・スタイルについて申し述べましょう。まず、そこで問題になるのは、プレゼンターの「声」「身振り手振り」といった身体パフォーマンス面の問題です（声のダイナミズム）。

　次に、プレゼンターの「目線」「目配り」が重要です。TVニュースのアナウンサーを見ればわかりますが、オーディエンスと手元の原稿を見る時間配分が大事なのです。この配分の違いで、展開する論理の説得性に大きな違いが出てきます（アイコンタクト）。

　そして、筆者がもっとも重要だと考えるプレゼンテーションのスタイル上のポイントが、「緩急自在」な進行。つまり、状況に応じた可変的なプレゼンテーション・スタイルです。これを可能にするのが、キー・オーディエンスの「手元資料のチェック」なのです（緩急の自在）。以下にこれらの点について詳述してみます。

III-5-1　声のダイナミズム

　まず、プレゼンテーションのスタイルを問題にするとき、もっとも基本的で、最低限必要なことは、声が大きいということです。とにかく、声が大きいことによって、ダイナミックなプレゼンテーションができます。プレゼン

ターの話し方がダイナミックであれば、オーディエンスは自然にその話に耳を傾けるでしょう。

プレゼンターがジッと座ったまま動かないで、ほそぼそ小声でしゃべっていたのではまったく魅力がありません。チャーム（魅力）というのは、その語源通りにいえば"魔法をかけること"であり、プレゼンテーションの間、オーディエンスを魔法にかけてしまうのがプレゼンターの役目なのです。

当然、プロジェクターの進め方を補助スタッフに指示してやらせたり、自分は動かずに遠くからレーザーペンで画面を指している、というのでは、ダイナミズムもチャームも生まれてきません。ダイナミックでもなく、チャーミングでもないプレゼンテーションを延々と聞かされたら、オーディエンスは当然眠くなります。会場のオーディエンスがこっくりこっくりしているようなプレゼンテーションをしばしば見かけますが、これは情けない。というより、プロが行うプレゼンテーションとは言えません。

では、どのようにしてプレゼンテーションにダイナミズムを持たせるか。それは、滑舌（発音）よく、大きい声で、適度な間をおき、ややゆっくりめのスピードで語りかけることです。また、プレゼンターの動作＝身振り手振り、立ち居振舞いも重要です。必要があれば、表示画面のそばまで立って歩いていき、画面を直接指さすぐらいの動きはあってもいいでしょう。プレゼンターが身をもって動くことで、プレゼンテーション内容もダイナミックに動き出すのです。動き回ることでプレゼンターの息づかいがマイクから漏れるぐらいの方が、話にリアル感が加わっていいとさえ言えるでしょう。

III-5-2　アイコンタクト

もう一つ重要なことにアイコンタクトの問題があります。プレゼンテーションのスタイルでいえば、基本的であると同時になかなか難しいテクニックでもあります。一般的には、プレゼンターは7対3、つまり6割から7割方はオーディエンスの方を見ながら話さなければならない。1番良くないのは、ズーッと下を向いている状況です。原稿の棒読み、ですね。せめて下を向い

ている時間は1割ぐらい、スクリーンを見ている状態が3割で、残りはオーディエンスの方を向いてダイナミックに訴えかける。

　そのために何が必要かというと、やはり言いたいことがすべて頭の中に入っていなくては、絶対に適正なアイコンタクトの配分はできない。それゆえに、本論冒頭の「練習」「準備」が大切なわけです。一方、一言一句、正確に言おうとすると、これまた話が噛んでしまいます。スムーズに流れなくなるんですね。噛まないためには基本的な要素、つまり、キーメッセージ、構成、流れを全部頭の中に入れておき、1つひとつの言葉はどんどんその場で自由に発想してしゃべればいい。こうすれば、きちんと前を向いて、オーディエンスの方を見、スクリーンにも目を配り、必要以上に原稿に目を落とさずに、自然な流れの中で話し切ることができるはずです。

III-5-3　緩急の自在／手元資料のチェック

　筆者が自分でも心がけ、実際に活用しているテクニックは、キーオーディエンスの手元を定期的にチェックするというものです。それはなぜかというと、まずそもそもプレゼンターが今話しているページを、キーオーディエンスが見ているのか、という点のチェックですね。さらに、そこでキーオーディエンスが例えば頷いたり、いろいろな書き込みをしたり、アンダーラインを引いているといった状況を、チェックしておかなければいけない。

　それには、キーオーディエンスの日頃の動作、スタイルというのをある程度把握しておく必要がある。キーオーディエンスがどういう状態、動作をすれば、現在の話題に関心をもって熱心に聞いているんだな、ということが把握できていないと攻め方がわからなくなってしまうわけです。

　いま頭の中にスーッと入って「うんうん、なるほど」と思っているのか、ぜんぜん入っていないのか、上の空なのか、あるいは「こんなの、おかしい」と思って反論を用意しているのか。プレゼンターは、どこかにポイントを見つけておかないとまずいわけです。

　それから要注意事項なのは、今話しているページではなく、キーオーディ

エンスが次のページをすでにめくっている、あるいは前のページでまだなにかメモを取っているというケース。もちろん、オーディエンスがプレゼンテーションについてくるスピードというのは、必ずしもプレゼンター側が説明したいスピードと同期するわけではありません。早すぎたり、遅すぎたりするのが普通です。オーディエンスは１人ひとりスピードが違いますから、そこでの緩急のマネジメントというのは、結局のところキーオーディエンスに合わせるしかないわけです。

　ですから、定期的にキーオーディエンスの手元を見て、次のページをちらちら見ていたら、当然現在のページ内容はわかっていると考え、さっさと次のページに進んだ方がいい。プレゼンターが説明しているページの前のページにまだ何か一生懸命書き込みながら頭をひねっているようだったら、わざと同じことを言ったり、時間を稼ぐような手だてをとるわけです。早すぎたり、遅すぎたりのペース対応は、なるべくキーオーディエンスの手元を見ながら、緩急をつけてほしいということです。

III-6 討議のマネジメント&エンディング

　これまでにプレゼンテーションの練習・準備、オープニング、チャート配分、スタイルなどについてに述べてきました。いよいよ、プレゼンテーションの締めくくりの部分に入ってくるわけですが、普通、そのあとに討議、Q&Aということになります。じつは、プレゼンテーションの終盤のステージに入って、討議・Q&Aはむしろ紛糾した方が面白い。様々な意見・異見が出るということは、それまでのプレゼンテーションをオーディエンスが注意深く聞いていたからそうなるわけです。

　ただ、注意しなければいけないのは、往々にして言われる「日本人の議論下手」な部分です。要は「ファクト確認の議論」「印象の議論」は避けなければいけません。それは議論の"紛糾"ではなく、議論の"迷宮"に入り込みがちだからです（「ファクト確認」「印象論」は避けよ）。

　また、プレゼンテーション後の討議の中で生まれてくる、論旨の「穴」や「抜け」の指摘、もしくは「論理以外の要素」のチェックも重要です。論理は事実の積み重ねで構成されますが、その中に希望・欲望・情動等も混ざってくるのが人間の行動ですから、プレゼンテーションで指し示された方向性に、思いもかけぬ方向から異論が提出されたり、まったく思いもよらないアプローチからの論議をないがしろにしないよう、発展的な論議を心がけてください（異論の検討）。

　とはいうものの、プレゼンテーションもその後の討議も、無限に時間が許されているわけではありません。気持ちよくスッキリとフィナーレを迎えるために、討議し切れない問題についての「ネクストステップ」をはっきり提示して締めくくりとすれば、今回のプレゼンテーションは不燃焼感を残さず

幕切れを迎えるはずです（ネクストステップの確認）。

III-6-1　「ファクト確認」「印象論」は避けよ

　「ファクト確認の議論」「印象の議論」とはどういうことかと言うと、日本の偉い方のディスカッションを注意深く聞いているとよくわかります。たとえば「あの分析は俺の印象とは違う」とか、「俺の営業の時の経験から言うと、ああいう感じじゃないんだけどナア」といったようなよく見かけるケースです。場合によっては、それは議論に参加するための意見であるよりは、発言者の自慢話、自己顕示のための手段になっているだけという、困った事態に陥ることがあります。

　個人の経験論や印象論にある根本的な問題は「普遍性の欠如」です。普遍性を持たない話題を論議しても、結論には到りません。「いや、俺にとっては確かにそういう事実がある」と言い張るかもしれません。だからといって、そこにいるオーディエンス全員が1つずつ事例を出したところで、なんの証明も導き出せません。

　ですから、「自分の印象とファクトが違う」「どういう分析手法が用いられ、それをどう評価するか」といった結論の出ない論議は、注意深く排除すべきでしょう。かりに、そういった「ファクト確認」「印象論」の迷路に議論が落ち込んでいると感じたら、次にどんな追加分析、ネクストステップが必要なのかという議論の方向に討議者を導いていった方がよいでしょう。印象論とか、ファクトの確認論そのものをいくら論じても、出口のない建物の中を堂々巡りするようなものです。そうした議論はすっぱり断ち切って、話題を建設的方向に持っていくよう誘導してください。

III-6-2　異論の検討

　プレゼンテーションは基本的には意思決定を導くための手段です。プレゼンテーション後の議論も、もちろん意思決定へと向けて討議されるべきです。しかし、あくまで意思決定するのはオーディエンスサイドであり、プレゼン

ターはある意味で、意思決定の方向づけを指し示す存在でしかないのかもしれません。

とはいえ、プレゼンターはよりよい意思決定に向けた導き手でもあるわけですから、意思決定の方向性を狭く限定し、これしかないという導き方は避けるべきです。「これまでの論議には、こういう非常に重要な側面が抜け落ちているのではないか？」、あるいは「この論理展開に従えばこの結論に到るのはよくわかるが、別の方向性の論理展開があるのではないか。そういう要素は考えなくてよいのか？」などと、オーディエンスから異論が出れば、じつは「しめたもの」なのです。そこから議論は沸騰します。討議の場が活性化され、オーディエンスは「ただ聞く側」から、積極的に討議に「参加する側」へと変身するからです。プレゼンターが提示する思考の「受け手」から、自ら思考し、「提案する存在」へと変化していく可能性が提示されます。

したがって、それがどんな小さなものであれ、異論には注意深く対処し、異論を圧殺するのではなく、異論のタネを育て、伸ばしてやり、建設的な意見、建設的な成果へと導くよう論議を尽くすべきではないでしょうか。

III-6-3 ネクストステップの提示

先ほど、プレゼンテーションは意思決定を導くための手段だと言いました。しかし、注意しなければいけないのは、「意思決定しないことも1つの意思決定である」というような状況が多々存在する事実です。あるいは、意思決定をしたくないキーオーディエンスというものも存在します。

意思決定に到るプロセスはいろいろあると思います。しかし、オーディエンス側が、今はまだ「意思決定の時期」に到っていない、と判断する場合もあるかも知れない。あるいは、意思決定するための条件が揃っていない、などなど。

さまざまな条件があるかも知れませんが、「いつまでたっても永久に結論が出ない」問題にかかずらってはいけないということです。それは、プレゼンテーション全体をまとまりのない、集中感の感じられない"場"と変えて

しまいます。意思決定論の問題は、それだけでまた別の大きなテーマになるのでここでは詳しくは触れません。

　結論的に言うなら、プレゼンテーション全体を締めくくるにあたって、ファクトや印象の議論に時間をとられないように気をつけ、ネクストステップとして何をすべきなのかはっきりと提示してください。今日確認できたこと、ネクストステップとしてこれこれをしましょう、ということを最後にオーディエンス全体とともに確認して締めくくりとすれば、積み残し感のないプレゼンテーションのエンディングになるのではないでしょうか。

あとがき

　最後までお読み頂き、ありがとうございました。
　この本は、プレゼンテーションを通じて相手を説得し動かしていくための基本的スキルについてまとめたものです。しかし、すでにお気づきの方もあるかも知れませんが、グラフィックソフトで資料を作るかどうかは別にして、きちんと論理を組んでプレゼンテーション資料にまとめ相手を説得するという一連の作業の背後で行われる思考のプロセスは、およそビジネスを進める上では日常的に必要とされるものです。ですから、この本で述べた、論理力をベースにした一連の思考プロセスを、とくに事業リーダーの方やそれを目指す方にはぜひマスターして頂きたいと思います。
　ここ2～3年、論理思考、ロジカルシンキング、クリティカルシンキングなどの言葉が大流行していますが、論理力は本を読むだけでは身につかず自分自身で実践して初めて勘所がつかめます。ですから、実際にみなさんがプレゼンテーション資料を作る際に、一度この本で述べられた手順に従って実践してみてください。研修の経験から申し上げると、仮説や新しいアイディアが出てきたときに、それが本当に追求すべきアイディアかどうか検証する方法を考える力、仮説を頂点にして論理ピラミッドを上から下に組んでいく力は総じて弱いようです。自分の仮説を頂点において、それが相手に納得されるためには何をいうべきか、またそれが言えるためには何を証拠に示すべきか、という形で上から下に考える癖をつけてください。次第に論理力が鍛えられるはずです。
　さて、組織風土変革、ビジネスモデル変革、新規事業・新製品創造など、アクション・ラーニングというアプローチで取り組んできたテーマはさまざまですが、企業の方々とこれらのテーマに取り組んでいるうちに、以下のようなこともわかってきています。
　それは、事業の変革・再生・創造にむけてビジネスリーダーが身につけておくべき知識は実はそれほど多岐にわたるものではなく、むしろ、これまでとは違う切り口、軸、視点を考え出したり、ゼロベースで新たなフレームワークやコンセプトを生み出すといった創造的な頭の使い方が重要であるということです。
　さらに、優れたリーダーの方と接していると、それらの要素以外に、そもそも何かを成し遂げたいという志や夢、また何かに取り組もうという情熱があります。残念ながら情熱や夢そのものを教えることはできません。
　しかし、予見をもたずにもう一度経営環境や自社を理解する技術、斬新なコンセプト・新たな方向性を見出す技術、新しい方向に向けて他者を動機付け実践に移していく技術などについては今後も研究し、発表していく所存です。ぜひアクション・ラーニング・シリーズの次の作品にご期待ください。

イノベーション・アンド・イニシアチブ代表
チーフ・エデュサルタント
土井　哲

Appendix

資料編
代表的なビジュアル表現

棒グラフ 1

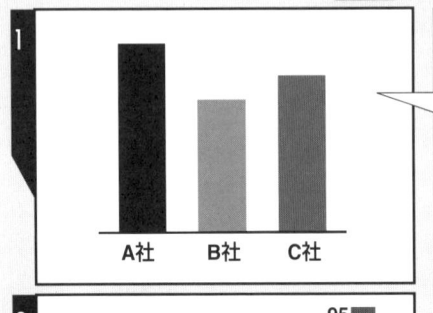

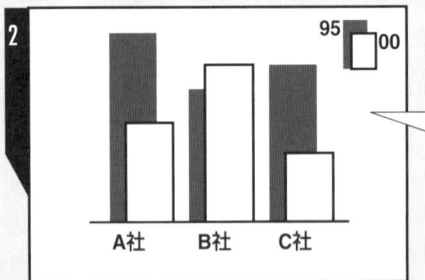

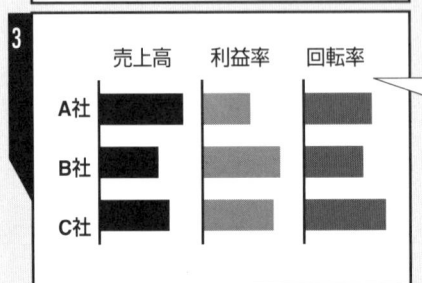

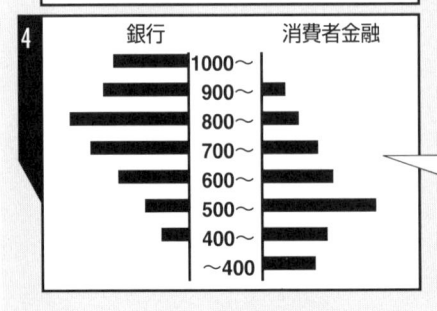

1

①は単純な比較のための棒グラフです。たとえば、ある年におけるA社、B社、C社の売上高の比較と考えてください。3社の売上を比較するには、表形式で各社の売上金額を数字で表せば事足ります。

しかし、数字でも金額の順番はわかるのですが、A社とB社の売上の差はどれくらいなのか、感覚的にはなかなかつまめません。

単純な棒グラフでも絵で表現することで、B社がだいたいA社の4分の3くらいの規模であることがわかります。

2

②は、①の棒グラフを前後に重ねることで、ある年とある年を比較した例です。これをみると、A社とC社は5年間で売上を大幅に下げた一方で、B社は売上を増やしたことがわかります。

3

③は、A～C社の社について、売上高と利益率と回転率という3つの指標を比較したものです。この図では棒が横向きになっていますが、これもちゃんと理由があります。

なぜ縦でなく横にしたかわかりますか？もちろん縦の棒でも同じ事は表現できます。しかし、縦にしてしまうと、売上高と書いた下に左からA社、B社、C社と並べ、利益率と書いた下には、またA社、B社、C社と並ぶことになります。

同じ言葉が何度も出てくると、ごちゃごちゃした感じになりがちです。ですので、横棒を採用することですっきり見せているのです。

4

④は、1994年に、ある消費者金融の会社のIR資料用に作ったものですが、ここでのメッセージは「銀行で借入れをする人と、消費者金融で借入れする人の年収の分布には差がある」というものです。真中に、年収の金額を100万円単位で書き、横軸には人数を取ることで、分布にどのような違いがあるか表現したものです。

棒グラフ2

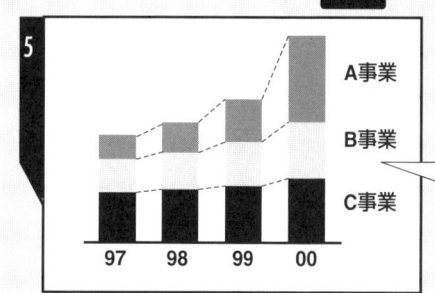

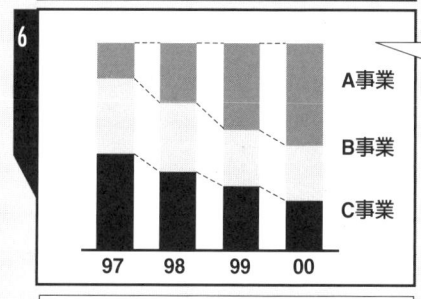

⑤

A事業
B事業
C事業
97 98 99 00

⑥

A事業
B事業
C事業
97 98 99 00

棒グラフの中を分割すると、内訳グラフと呼ばれるものになります。
　⑤は、絶対値で表したものであり、⑥は高さをそろえて比率を示したものです。⑤のように表現すると、「B事業やC事業が伸び悩む中、A事業の成長が目を引く」という感じになりますが、⑥のように比率で表現すると、「B事業やC事業の重要性が急速に減っており、A事業がいまや屋台骨となっている」というように見えます。
　このように与えるメッセージが変わってきますので、自分が何を言いたいかでより適切な方を選択してください。

X折れ線グラフ

　折れ線グラフは、株価の値動きのような連続した変化を表現するときに使われます。⑦のようなタイプが一般的です。
　それに対して、ある時点での大きさを100としたときに、その後、どのくらいの割合で変化したかを示すときには⑧のような表現になります。
　たとえば、大手ビールメーカーの売上の変化とある地ビールメーカーの売上の変化とを絶対値で⑦のタイプのグラフで比較してみると、大手ビールメーカーの売上が、上の方で横ばいになるのに対して地ビールメーカーの売上はX軸に近いところで横ばいになってしまって、「地ビールが好調といっても、規模から見ればたいしたことないね」という印象になってしまいます。
　しかし、ある時点での売上を100としてそこからの変化で捉えれば、「大手ビールメーカーB社の売上が、伸びていないのに対して、地ビールの売上は伸びている」というメッセージを伝える⑧のグラフができます。

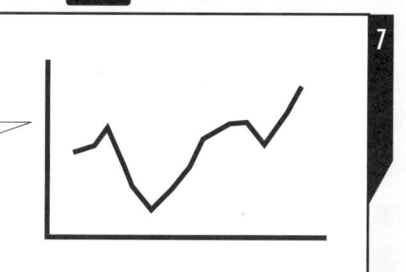

⑦

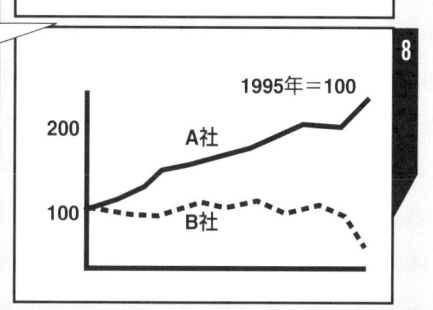

⑧
1995年＝100
200
A社
100
B社

XYグラフ

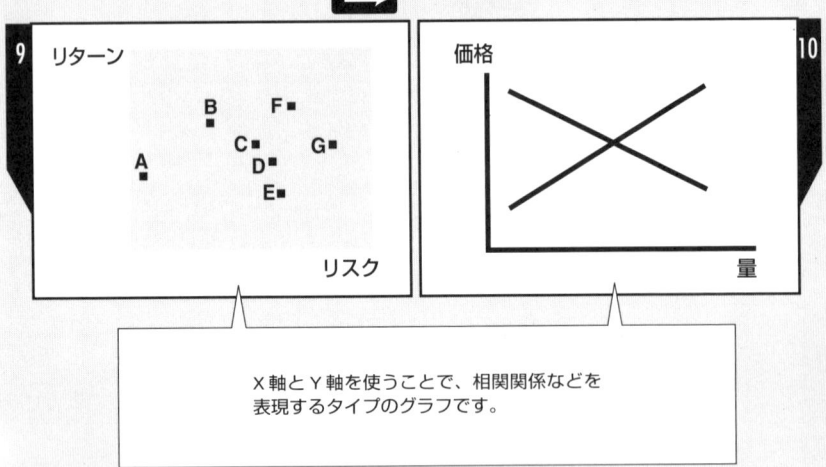

X軸とY軸を使うことで、相関関係などを表現するタイプのグラフです。

ウォーターフォール、ビルドアップ

棒グラフ（内訳グラフ）の変形ですが、ウォーターフォール、ビルドアップと呼ばれるタイプの表現があります。

⑪は、左から右へ滝が流れ落ちるように書くのでウォーターフォールと呼ばれます。たとえば、ある事業所で100件の提案書をお客様に提案したとします。でも価格が高いと言われて断られたのが45件、納期が合わないと言われて断られたのが25件、品質が不安だと言われて断られたのが10件で、結局20件しか受注できなかった、というようなことを伝えるときに使います。

一方、部品Aが2万円、部品Bが1万円、部品Cが8千円、部品Dが3千円で、トータルコストが4万1千円である、ということを伝えるのであれば、⑫のビルドアップと呼ばれるものを使います。

⑬は⑪⑫の複合型で、前期末のキャッシュは1000億円あり、今期営業キャッシュフローが2000億円生み出されてキャッシュは増えた、しかし、4000億円の投資をしたので、今期末のキャッシュは1000億円の赤字になる予定である、というような時につかいます。

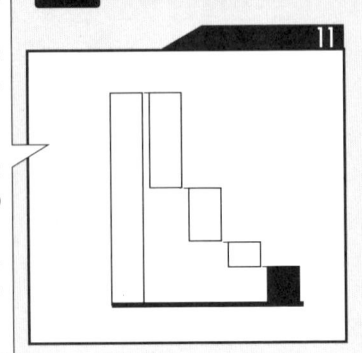

資　料　編

概念図

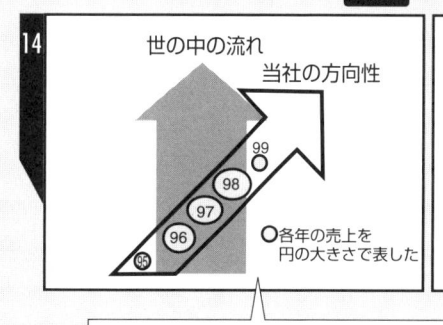

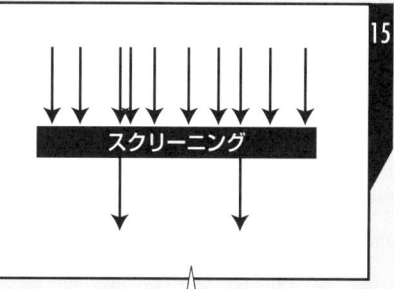

イメージを伝えるのに概念的な図も用いられます。

⑭は私がもっとも感動した絵で、正確には覚えていないのですが、次のようなメッセージを表現したものでした。

「当社はたまたま時流に乗ったときにはヒット商品を出せたが、もともと世の中の流れと方向がずれていたのかも知れない」というのがメッセージで、太い矢印で表現された世の中の流れと、当社の方向性を示すもうひとつの太い矢印が重なり合っているところでは、丸の大きさで表された商品の売上金額が大きいのですが、重なっていないところでは丸が小さくなっています。なぜ重なっていないところで小さいのかというと、方向がずれていたからだ、ということで、概念的なことが見事に表現されています。

⑮は、あるベンチャーキャピタルの会社案内にのっていた図で、いろいろくる案件を厳しく審査し、スクリーニングにかけている、というような文章に添えられていたものです。

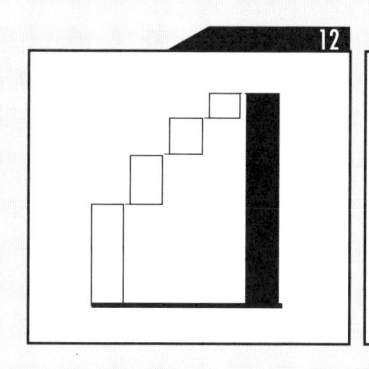

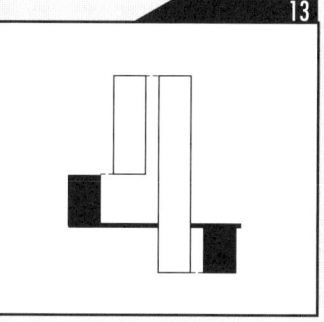

因果関係図

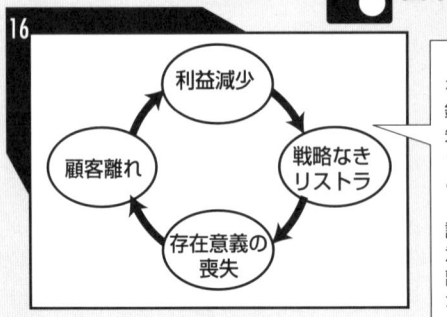

16

利益減少 → 戦略なきリストラ → 存在意義の喪失 → 顧客離れ → 利益減少

どのような力がどのように働いているかを示したのがこの図です。ここでは、ある銀行が倒産してしまった背景が、循環する矢印で表現されています。利益の減少ということに直面して、戦略の見直しをすることなく単純にリストラを行って人員を減らした。人員が減ってお客様のところに行く訪問頻度が減り、地元の銀行としての存在意義がなくなってしまった。それで顧客が離れてしまい、ますます利益が上がらなくなった。そしてそれを受けて、またリストラ策を打ち出した……という流れです。このように悪いことが連鎖してより悪くなるような場合には、「悪循環」とか「悪魔のサイクル」などと呼ばれます。

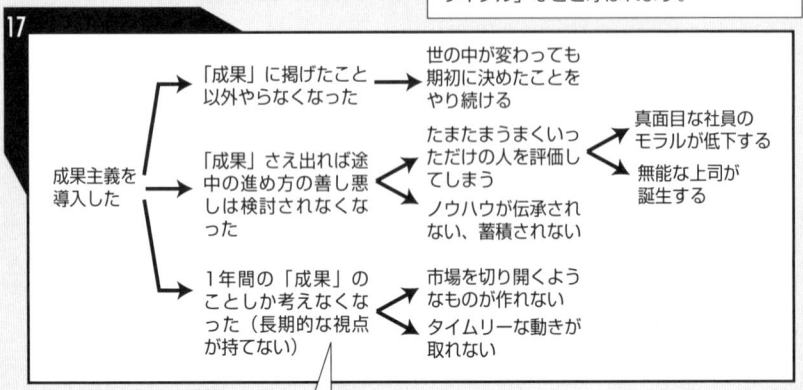

17

成果主義を導入した
- 「成果」に掲げたこと以外やらなくなった
  - 世の中が変わっても期初に決めたことをやり続ける
- 「成果」さえ出れば途中の進め方の善し悪しは検討されなくなった
  - たまたまうまくいっただけの人を評価してしまう
    - 真面目な社員のモラルが低下する
    - 無能な上司が誕生する
  - ノウハウが伝承されない、蓄積されない
- 1年間の「成果」のことしか考えなくなった（長期的な視点が持てない）
  - 市場を切り開くようなものが作れない
  - タイムリーな動きが取れない

この図はある大手企業で問題解決研修をしたときに、問題の整理として作ったものです。このように今ある状況を放置するとどのようなことになってしまうかを表現したチャートは、政策メッセージにおいて、改革をしなくてはならない必然性を訴求するときに役に立ちます。このままでは大変なことになることを、鮮明に印象付けるのです。ただし、因果関係図を書くときには矢印の根元に原因を書いて、先端に結果を書くという原則を守ることと、矢印でつながれた原因と結果の間に確かに因果関係があると誰が見ても納得できるように書いていくことが重要です。

情報を整理するツールとして、各種のフレームワークがありますが、そのフレームワークに沿って情報を整理するだけでも、考える際の基本情報として価値があります。ここでは、3Cで情報を整理した例、ビジネスシステムで情報を整理した例を挙げました。単に情報の整理にとどめずに、さらにそこから何が言えるか「意味合い」が抽出できればプレゼンテーションの中ではインパクトのあるものとなります。

資料編

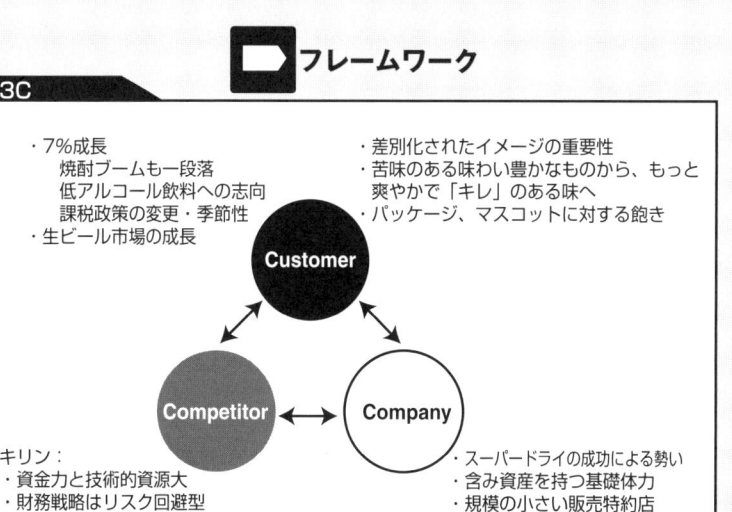

▶ フレームワーク

3C

- 7%成長
  - 焼酎ブームも一段落
  - 低アルコール飲料への志向
  - 課税政策の変更・季節性
- 生ビール市場の成長

- 差別化されたイメージの重要性
- 苦味のある味わい豊かなものから、もっと爽やかで「キレ」のある味へ
- パッケージ、マスコットに対する飽き

Customer ⇔ **Competitor** ⇔ **Company**

キリン：
- 資金力と技術的資源大
- 財務戦略はリスク回避型
- ラガーの正当性を強調、ドライを一過性のブームに終わらせる戦略

- スーパードライの成功による勢い
- 含み資産を持つ基礎体力
- 規模の小さい販売特約店
  ＝物流のボトルネックの可能性
- よりおいしい味というマーケティング上のメッセージの絞込み

ビジネスシステム

	顧客ニーズ調査	サービス企画	仕様設計・開発	広告宣伝	サービス受付
自部門	現在のネットワーク会員から広くアンケートがとれており、ニーズは把握できている	既存ビジネスの発想に縛られている	優秀な技術者が多く、設計・開発力は高い。リモートメンテナンスなど自社だけの技術も持ち合わせている。足りない技術もある	ネットワーク会員に対して低コストで告知できる	ネットワークを通して自動的な受付が可能である
他社同種プロジェクト	定量的にはつかめていない。N社やS社は、ゲームユーザーなど我々の押さえていないセグメントのニーズを把握している	柔軟な発想ができる人材が多い。従来いろいろな企業とのアライアンスに積極的だった	ネットワーク技術は必ずしも強くない。認証技術で1歩リードしている。暗号化技術で最先端の会社を買収するとの噂もあった	抜群の知名度があり、テレビ広告を大量に打つ可能性が高い	別のサービスのために最近テレマーケティングセンターを設置した

著者紹介

土井 哲
1984年東京大学経済学部卒業後、旧東京銀行に入行。在職中にマサチューセッツ工科大学スローン経営大学院卒業。92年マッキンゼー・アンド・カンパニー入社。主に通信業界、ソフトウェア業界のコンサルティング、情報システム構築のコンサルティングに従事。同社を退職後、インテラセット設立に参加、取締役に就任。97年7月、インテリジェンスビジネスプロフェッショナルスクール運営会社、株式会社プロアクティア（現イノベーション・アンド・イニシアチブ）設立に伴い、代表取締役社長に就任。エデュサルタントとして経営者養成の研修の企画のほか、企業の実際の課題をとりあげた戦略研修などを担当。

高橋俊介
慶應義塾大学大学院政策・メディア研究科教授。
組織・人事に関する日本の権威の一人。プリンストン大学大学院工学部修士課程修了。マッキンゼー・アンド・カンパニー、ザ・ワイアット・カンパニーに勤務後、独立。人事を軸としたマネジメント改革の専門家として幅広い分野で活躍中。主な著書として『自由と自己責任のマネジメント』『キャリア・ショック』『組織改革』等がある。

株式会社イノベーション・アンド・イニシアチブ
ミッション：私たちは、人の変革＝「意識改革」と「能力開発」を通じて、持続的な競争優位性を持つ企業への変革を支援します。
目的と手法：「アクション・ラーニング」によって、事業モデルと事業リーダーの同時開発を目指します。
リーダーの定義：私たちが発掘・育成する企業変革を成しうる真のリーダーとは、管理能力に優れているだけではなく、変化を先取りし、柔軟に対応できるオーナーシップとクリエイティビティを備えた人材です。

http://www.inno-init.com

プロフェッショナル・プレゼンテーション

2003年2月27日 発行

著者 土井 哲／高橋俊介
発行者 高橋 宏

〒103-8345
発行所 東京都中央区日本橋本石町1-2-1　東洋経済新報社
電話 編集03(3246)5661・販売03(3246)5467　振替00130-5-6518
印刷・製本　東洋経済印刷

本書の全部または一部の複写・複製・転訳載および磁気または光記録媒体への入力等を禁じます。これらの許諾については小社までご照会ください。
©2003〈検印省略〉落丁・乱丁本はお取替えいたします。
Printed in Japan　ISBN 4-492-55473-4　http://www.toyokeizai.co.jp/